U0870815

语言表达的艺术

赵磊◎编著

教你简单有效的说话方法

国家一级出版社 中国纺织出版社 全国百佳图书出版单位

内容提要

每个人都希望自己在生活和工作中是一个受欢迎的人，然而想要拥有好的人际关系和好人缘，就必须懂得与人交往的方法和技巧，而这其中最重要的就是会说话，会说话的人往往更容易赢得别人的信任和喜欢。

本书汇集多种说话技巧，告诉你与人聊天的礼仪和禁忌，从生活、职场、交际等多方面剖析闲聊的注意事项，帮助你建立良好的社交、沟通能力，让你无论在哪儿都能够与人轻松愉快地交谈，培养出处处受人欢迎的好人缘。

图书在版编目（CIP）数据

语言表达的艺术：教你简单有效的说话方法／赵磊编著.—北京：中国纺织出版社，2018.9
ISBN 978-7-5180-5288-2

Ⅰ.①语… Ⅱ.①赵… Ⅲ.①语言艺术—通俗读物 Ⅳ.①H019-49

中国版本图书馆CIP数据核字（2018）第176115号

责任编辑：闫 星　　特约编辑：李 杨　　责任印制：储志伟

中国纺织出版社出版发行
地址：北京市朝阳区百子湾东里A407号楼　邮政编码：100124
销售电话：010—67004422　传真：010—87155801
http：//www.c-textilep.com
E-mail：faxing@c-textilep.com
中国纺织出版社天猫旗舰店
官方微博http://weibo.com/2119887771
三河市延风印装有限公司印刷　各地新华书店经销
2018年9月第1版第1次印刷
开本：880×1230　1/32　印张：7
字数：121千字　定价：39.80元

凡购本书，如有缺页、倒页、脱页，由本社图书营销中心调换

前言

我们曾听说过这样一句话："眼睛可以容纳一个美丽的世界，而嘴巴则能创造一个精彩的世界。"刘勰曾经在《文心雕龙》中感叹道："一言之辩重于九鼎之宝；三寸之舌强于百万之师。"在西方，有位哲人也说过："世间有一种成就可以使人很快完成伟业，并获得世人的认识，那就是口才。"这都强调了口才的重要性。

的确，口才可以说是一个人睿智、成功能力和良好生活态度的展示。当今世界竞争日益激烈，我们要想在社会上立足，除了要拥有参与竞争、迎接挑战所必备的知识和技能之外，得体的说话技巧、优秀的口才无疑会助你占据一个有利于发展的制高点，成为你迈向成功和幸福的砝码。

好口才的一个重要体现就是会聊天，会聊天的作用是全方位的。生活中，它能帮你开启与人谈天说地、交流感情、拉近距离的阀门，从而发展天长地久的友谊，赢得忠贞不渝的爱情；当你与他人关系出现瑕疵时，它是修复伤痕、治愈心灵的疗伤神药。正如埃及谚语所说"有口才才使你雄辩滔滔，占尽上风。"所以，我们可以说，好人缘是聊出来的。

的确，我们发现，生活中，那些深谙聊天技巧的人似乎总是能左右逢源，他们能得到那些素不相识的人的支持，能带动交际场合的说话氛围，能效率与他人之间的误会，能说服他人、达到自己的目的。

然而，你可能会产生疑问，如何聊别人才感兴趣呢？如何展开话题呢？如何开口才能不被人拒绝呢？的确，说话容易，但要把话说好，就并不是一件容易的事情，而对于口才不佳、想要提升聊天水平的人来说更非一日之功，需要我们通过长期的努力，当然，只要我们做到不断学习和提高，就能轻松驾驭语言，做到能言善辩、打动人心。

这里，我们推荐一本枕边书——《语言表达的艺术：教你简单有效的说话方法》。从这本书中，我们能认识到说话的重要性，本书也揭示了聊天在我们的生活、工作中的重要意义，并告诉我们如何掌握聊天的技巧，培养你闲聊话题的能力，引导你在职场、情场、家庭生活中与人闲聊，从而迅速消除与他人的隔阂，建立好交情。

目录

第 01 章

聊出好人缘，这样说话让你大受欢迎

◎ 让恰当的语言为你的印象加分

◎ 找准切入点，让交流顺利进行

◎ 话不在多而在精

◎ 避免过多地倾诉个人烦恼

◎ 意味深长的收尾让人印象深刻

◎ 凭借有亲和力的谈吐获得更丰富的人际资源

让恰当的语言为你的印象加分

生活之中我们免不了要一次次地和陌生人打交道。很多人在和陌生人第一次见面的时候，心里都会感到紧张和畏惧，面红耳赤，不知所言，让本该高兴热烈的场合变得十分冷清和尴尬，这样不仅让人感到扫兴，还会影响自己在对方心目中的形象。

中国有句古话叫作“乐莫乐兮新相知”，朋友都是在陌生中逐渐熟悉的，忠贞不渝、肝胆相照的朋友也多数是在陌生中结交的。由陌生到熟悉是需要一个过程的，而这个过程是和说话分不开的。好的口才能够迅速引起对方的兴趣，拉近彼此间的心理距离，最终形成伟大的友谊。因此，在我们和陌生人见面的时候，除了要在服装和仪表上注意之外，还要懂得如何说话，开口就征服人心，从而为以后的交往打下良好的基础。

王熙凤作为荣国府的总管依靠的并不仅仅是和王夫人之间的姑侄关系，最重要的是嘴巴上的功夫。迎来送往中，她所说的每一句话都让人感到亲切和随和，初次见面，短短的几句话就可以拉近彼此间的距离，很快就能和人成为莫逆之交。例如，在林黛玉初进贾府时，王熙凤短短的几句话就征服了这位孤傲清高的冷美人：

“这熙凤携着黛玉的手，上下细细打量了一回，仍送至贾母身边坐下，因笑道：‘天下真有这样标致的人物，我今儿才算见了！况且这通身的气派，竟不像老祖宗的外孙女儿，竟是个嫡亲的孙女儿，怨不得老祖宗天天口头心头一时不忘。只可怜我这妹妹这样命苦，怎么姑妈偏就去世了！’”

如此亲切而又热烈的话一说出口，哪怕林黛玉下车之前有过再多戒备心理，哪怕她的性格是目下无尘，此时此刻心中也必定有一股暖流流过，即便没有太多的感动，至少也不会对这位表嫂产生反感。王熙凤的话不多，但是却传出了很多重要的信息，第一是夸林黛玉长得漂亮。第二是在传达认同的情感：我们是不会把妹妹当成外人的，这里就是你的家，不用那么客气和生分。第三又巧妙地赞美了贾母：老祖宗深仁厚泽，对这位素未谋面的外孙女同样有着极深厚的感情。第四又对贾府的几位小姐进行了一番间接的夸奖，“这通身的气派，竟不像老祖宗的外孙女儿，竟是个嫡亲的孙女儿”，让在座的迎春、探春、惜春听了，觉得能和林黛玉并驾齐驱，心里也会美滋滋的。第五又含蓄地称赞了王、邢两位夫人，夸奖她们教女有方。这位“琏二奶奶说话”的功夫，确实达到了炉火纯青的地步，难怪能够在尔虞我诈的荣国府坐稳管家的交椅。

1.让语言为你的印象加分

在社交活动中，人们经常会根据一个人的容貌来产生第一印象。容貌所产生的印象是直接的，却并不是最重要的。事实上，优雅的谈吐、得体的语言、漂亮的表达方式往往能让人在给你的印象上打一个较高的分数，也会很自然地在心里赞赏和认可你。

2.给语言加点儿“颜色”

语言不仅仅是表达信息的手段，还见证了一个人的气质、精神状态和心理特征。特别是和陌生人在一起时，恰当的语言所起的作用是十分重要的，它能够给你的事业以及交际带来意想不到的收获。所以，在平时的生活中，我们要多为语言加点儿“颜色”，让恰当的语言为自己的印象加分。

找准切入点，让交流顺利进行

“物以类聚，人以群分”，每个人的社交圈，实际上都是以自己为圆点，以年龄、爱好、经历、知识层次等为半径构成的无数同心圆。共同点越多，圆与圆之间交叉的面积越大，共同语言也越多，也越容易引起对方的共鸣。因此，在人际交往中，与他人谈话要找到合适的切入点，这对交际的结果起着至关重要的作用。切入得好，交际圆满成功；切入得不好，就不能取得预期的效果。那么，交际该怎样准确地切入呢？

1.关心他最亲近的人

任何人都总是关心着自己最亲近的人，如果一旦发现别人也在关心着自己所关心的人，大都会产生一种无比亲近的感觉。交际就可以利用人们这种共同的心理倾向，从关心他最亲近的人切入，拉近彼此的距离。

2.把握题外话的度

有些交际场合需要直截了当地切入正题。例如，对方已经知道你的来意，或者彼此已经约定了这次交谈的内容，那就不必要说很多题外话，这样可以使对方精神集中地来谈你们之间要谈的事情。

但是，在很多场合，交谈进入正题前是需要进行一些准备工作的，如果突然将交谈切入正题，很可能会遭到对方一口回绝。在这样一些场合，如果你不急于将交谈转入正题，而是说一些有关的题外话，然后再将交谈引入正题，结果可能会完全不一样。

3.选择话题因人而异

“一样的米养百样的人”，世界上有多少人就会有多少种性格与爱好。仔细观察那些人缘很好的人，你会发现他们都有一个共同的特点：和不同的人谈论不同的话题，而且谈论的都是他人感兴趣的话题。罗斯福就是这样一个典型，不管对方的身份是什么，他总能和对方侃侃而谈，他的诀窍就是在开口和对方说话之前通过各种途径获取对方个人资料，最重要的是了解对方的兴趣所在。罗斯福总是这样总结他的经验：“只有谈论他所喜欢的事情，才能抓住他的心，让他先高兴起来，然后接近他就比较容易了。”

打动人心的最佳说话方式就是：谈论他最感兴趣的话题。因为有兴趣就有感情，有了感情什么事也就都好办了。所以，要与人建立良好的关系，最快捷、最深入的办法就是了解对方的性格特征、兴趣爱好，然后有的放矢地谈论对方感兴趣的话题。

话不在多而在精

一家大公司的门口，常写着这几个字：“要简捷!所有的一切都要简捷!”这张布告提示我们：办事要简捷，长话短说是很必要的，因为赘言长谈的习惯已经不适用于今日了。

很多人以为口才好就是口若悬河，夸夸其谈，实际上，这是一种误解。特定场合下也许会用得上这种方式，但在更多的时候，这并非表示很有口才，相反，会证明我们说话缺乏诚意，不负责任。因为这种说话方式很容易让人以为是夸大其词，而这必定会受人怀疑和轻视。

如果我们希望别人注意我们，必须创造或者借用一些绝妙的好词好句。多读一些语言大师所写的书，挑选一些妙联佳句，学习一些有趣的名人名言，睿智的故事，在适当的场合不经意地脱口而出，都可以让别人开怀大笑。

言多众人忘，言少众人记，如听众记住了艾森豪威尔将军的“句点”，却忘记了那一部“长篇小说”。讲得多是一回事，讲得恰当、得体又是一回事。许多人都有喋喋不休的习惯。对此，只告诉他三个字，改掉它，否则后患无穷。

在不漏掉有用信息的前提下，越简捷越好。不要躲躲闪闪或拐弯抹角地说话，该说什么就说什么，这并不意味着我们品位低俗，而是说明我们有恰当的词汇可用，而没有进行不必要的掩饰。一般人总误解推销员是知得少说得多。自卖自夸，说得多了，反而会把顾客吓跑。通用电器公司的一位副总裁曾说过：“我们在会议上投票表决，推销员为什么会失去推销机会，结果75%的人认为是说得太多了。”

总之，我们在说话时要记住“简明扼要、引人注目”这几个字，在话未出口时，先在脑子里构思一个轮廓，然后再按次序有条不紊地说出来。如果我们使用的是电话交流的方式，最好事先把要谈的事情逐一列出，写在一张纸上，然后再说：“我知道您很忙，有这么几件事需要和您讨论……”这样一来对方就很容易接受，从而愿意和你交谈。另外，谈事情要开门见山、语言表达简明扼要，这样才能提高办事的成功率。

做事爽直、谈话言简意赅的人最易成就大事。如果能常常有意地注意训练，集中思想，处事有条不紊、谈吐简洁明了，那么必然会养成简捷的习惯。

避免过多地倾诉个人烦恼

在生活当中，人们会碰到很多不如意的事情。有些人往往会被这些事情所困扰，以至于陷入不能自拔的境地。他们会不断地将自己的不幸与烦恼向别人倾诉，企图得到心理上的慰藉。然而，他们却从来没有想过：当向别人倾吐自己烦恼的时候，也同时给别人造成了负面影响。

每个人都有失意的事，包括事业上的失意、感情上的失意和家庭上的失意。事实上，在这个世界上真正让人舒心的事很少，即使有舒心的事人们也很容易淡忘，萦绕于心头的很多事并不十分愉快。失意的事本来就是一种痛苦，搁在心里不找人倾吐更痛苦。心理学家认为：把失意的事藏在心里会造成心理疾病，所以找人倾吐心声也是可取的。向别人倾诉苦衷的时候，你的确会感到轻松些，能够适当缓解压力。但过多地向人诉说自己的烦恼就会带来不良的后果！

对有些烦恼、有些失意或是希望得到别人安慰的事，你应该把它们说给心理医生或是值得信赖的家人或朋友听，千万不要逢人就倾吐自己心中的苦衷，这样不但无法激起对方的心理共鸣，而且会徒增对方的反感。

吐露失意的事，不管是主动吐露还是被动吐露，都会带来负面影响。

1.吐露失意的事，无意中塑造了自己无能、软弱的形象

虽然每个人都会有失意的事，但如果你在吐露失意的事时，别人正在得意，那么他会直觉地认为你是个无能或能力不足的人，要不然怎么会失意？虽然不会说出来，但心里多少会这样想，而且失意的事一讲，有时会因情绪失控而一发不可收拾，造成别人的尴尬，这才是最尴尬的一件事。如果你的失意情绪能够引起别人的安慰，温暖固然温暖，但你却会因此变成一个无助的人。

2.吐露失意的事，别人会对你产生不良印象

很多人凭主观印象来评价别人，一般来说，自信、坚定的人，别人对他的印象就会比较好；如果他是个事业有成的人，那么更会获得尊敬。如果你失意的事让别人知道了，他们会下意识地对你产生不良印象，对你的态度也会很自然地转变，由尊敬、热情而变得不屑、冷淡。

失意的事如果说得太多，让你的朋友们都知道了，那么你的朋友们会为你贴上一个标签：失败者！当谈到你时，便会想到这些事。

3.吐露失意的事时，难免会说别人的坏话

说别人的坏话和抱怨的情况是同样的，也许时下心里感觉畅快了，但你的听众可能会无法忍受，从而产生这样的想法，“不知道这人在私底下是怎样讲我的”，因而失去对你的信任，甚至会对你产生厌恶之情。

在社交场合与人说话时，最好选择较为轻松愉快的话题，尽量不要提及个人过去不愉快的经历，以免让对方觉得沉闷、无聊，对你产生不良印象。

意味深长的收尾让人印象深刻

在与人交谈结束时，运用“再会”之类的告别语显得千篇一律，太俗太空。这样一来，努力设计能给对方留下深刻印象的告别语就很有必要。一般来说，通常有以下几种收尾方法。

1.道谢式收尾

道谢式收尾，在交谈艺术中具有较强的礼节性，它的基本特征是用讲“客气话”作为交谈的结束语和告别话。道谢式收尾适用的场景和对象是最广泛的，无论是上下级、同事、亲朋还是熟人、邻舍以及初交者都是适宜的。例如，“刘先生，在您的悉心指导下，我明白了自己的责任，我一定按您的指教去做。谢谢您了，再见！”

2.关照式收尾

关照式收尾，是交谈双方说完了自己的思想、意见或流露了某些内心意向之后，觉得谈话中的有些内容和问题带有保密性与重点性，当交谈即将结束时，就关照对方不要将其中的某些话张扬出去。例如，“刚才我讲的一些话，是一些不成熟的看法，我觉得不必让他人知道，请你不要传出去，以免引起麻烦……”

这种收尾方式，有一种提起注意、防患于未然和强调重点的作用，能使交谈的对方增进了解并增强“使命感”“责任感”。

3.征询式收尾

交谈完毕，主谈者根据自己的交谈目的与交谈后的吻合情况向对方征求意见、说明、要求或建设性的忠告、劝诫等，这就是征询式收尾。

例如，“李先生，随着我们接触的增多和了解的深入，你一定察觉出我有许多缺点，你觉得我最糟糕的‘毛病’是什么？希望你下次开诚布公地提出来”。

在交谈艺术中，征询式收尾往往给人以谦逊大度、仔细周到和稳重老成的印象。运用征询式收尾，对方听了便会产生一种心悦诚服、备感亲切、心心相印的感觉，从而取得建立融洽的关系、有利于给对方留下良好印象的效果。

4.归纳式收尾

归纳式收尾，通常在陌生人之间非形式性交谈中使用，或在同志间、亲朋间工作性交谈中使用。例如，“王浩，听了你的情况介绍后，我觉得问题的关键是第一点，我们是做他人思想工作的，如能统一人心，其他问题也就迎刃而解了……”

归纳式收尾由于条理清晰，中心突出，对方交谈的目的和内容、思想和意见就能清楚交流，收到言简意赅、明朗爽快的效果。

5.祝愿式收尾

祝愿式收尾的特点是，不仅具有较强的礼节性和情趣性，而且还具有极大的鼓动力。如果再加上适当的口语修辞，它的效果一定会非常显著。例如，“再见吧，路上保重。祝你一帆风顺！”

6.邀请式收尾

邀请式收尾的基本特征是运用社交手段向对方发出客套性邀请或正式邀请。前者的效用体现了“客套式”所需的礼仪，后者则表现了友谊的生命力。

（1）“客套式”邀请：“如果您下次途经上海，请到我们家来做客。再见！”

（2）正式邀请：“今天我们就谈到这里吧，星期二晚上6点请你到我家吃顿便饭，那时我们再长谈吧。再见！”

以上这两种邀请式收尾，在社交场合是必不可少的。运用这种结束语，肯定会赢得别人最大的赞同。

与人交谈的结束语的表达方法多种多样，只要能够驾驭情境，正确审视对象，选择正确、得体的话语，在交谈结束时，不仅会非常得体、有趣，而且会余韵犹存，感人至深。

凭借有亲和力的谈吐获得更丰富的人际资源

亲和力本质上是一种爱的情感，只有发自肺腑地爱别人，才能真正地亲近对方，关心对方，才能获得对方的认同、信任和喜欢。拥有较高的亲和力，才会拥有宽广的胸怀。

拥有良好的人际沟通能力和亲和力是每个人梦寐以求的。良好的亲和力能够为人们带来很多好处，它既能让人获得更多的友情，感受到人和人之间的关爱与温暖，又能为人们带来更多的人际资源，让大家获得意想不到的良好机会与前途。

一位真正的成功人士是有一个好口才的，而之所以有一个好口才，关键是他掌握了亲和力。所以要想提高自己的口才能力必须提高自己的亲和力。提高亲和力应该从以下三方面着手。

1.配合别人的感受方式

每个人都用各种各样不同的方式来感受这个世界，一般来说有三种主要的感受方式：视觉型、听觉型与触觉型。

一般情况下，视觉型的人比较喜欢快节奏，说话很快，思维也很快，喜欢阅读图表，而且行动力强；听觉型的人喜欢的是比较有秩序的生活，说话较慢但很有条理，喜欢交谈与聆听，行动力稍次；而触觉型的人很重视感觉、爱好舒适，说话有时是不看对方的，速度也比较慢。

知道了这些之后，我们在与别人交谈的时候，就可以观察一下对方是什么型主导的，之后配合他的特性来进行沟通，然后增加口才方面的能力。

例如，对那种说话速度极快的人，要强调行动与成果；对那些说话时分成多个要点的人，要强调逻辑与条理；而对于那种说话慢吞吞的人，要多谈谈某种产品会带来什么样的感受。

这个技巧需要不断的练习才会更好地掌握。

2.配合别人的兴趣与经历

人际关系大师卡耐基在书中写道："我们要对他人真诚地感兴趣，聆听对方的谈话，就对方的兴趣来谈论以及鼓励他人谈论他自己。"当我们对他人真诚地感兴趣的时候，自然而然就会去关注他的一举一动。那么他的每一个细节都有可能是我们与他交谈的切入点。

例如，你在公车上看到有一个人提着盆特别的盆栽，就可以说："哇！您的花真漂亮。它叫什么名字呢？"假如对方愿意说的话，局面就打开了，你可以继续同他谈下去。但你要做的准备是，避免谈论自己的欲望，鼓励他多谈论一下他自己。这样，在交谈中你会得到很多关于他的信息，这就是进一步交往的时机了。

3.使用"我也"的句子

如果对方的经历或见解中有跟你类似的部分，你可以多使用一些具有神奇力量的短语，那就是"我也……"

例如，"啊，您去过泰山啊，我也去过呢！是去年8月的事了。您是几时去的呢？""哦，你也认同爱就是要给对方自由，我也这么想的。""您同意产品的质量是最重要的，对吧？我也这么想，因此您可以比较一下我们的产品与其他同类产品的质量。"

通过这几方面的练习，你的亲和力很快就可以建立起来了。

世界上最容易成功的人，是那些说话有亲和力的人，而不是那些性情狂暴、孤僻、自大的人，这种人非但不能赢得别人的认可，而且会彻底毁掉自己。所以，我们在与他人谈话时，要有亲和力，言谈举止要流露出真情实感，要热情洋溢、情真意切、话贵情真。

第 02 章

要命的第一印象，如何从一面之缘发展为莫逆之交

◎ 自我“推销”是优质交流的第一步

◎ 通过身边的小事切入主题，避免单刀直入

◎ 通过神情的交流达到心灵的沟通

◎ 通过独特新颖的开场白彰显你的魅力

◎ 话精而语妙，给人与众不同的初印象

◎ 适时缄默，与初识之人交谈时学会“矜持”

自我“推销”是优质交流的第一步

在每个人的人脉网中，除了与自己有血缘关系的亲人，其他诸如朋友、爱人等，彼此都是由路人到相识、由陌生到熟知的。初次见面、初次相识时，双方得以展开交流的前提便是各自的自我介绍；而双方的交流是否顺畅，是否能在融洽的气氛中进行下去，则在于自我介绍质量的高低。毫不夸张地说，自我介绍犹如一次“推销”，人们在这次“推销”中，只有努力地将自己最好的一面呈献给对方，才能将自己“推销”出去，并收到满意的效果、达到心中预期的目标。

自我介绍是迈向社交的第一步，是堆砌人脉的第一块砖。一个好的自我介绍就是一个好的开场白，一个好的交流基础。无论是熟人推荐还是自己主动出击，在陌生人面前，新颖而独特的自我介绍，展现着过人的口才和迷人的魅力，俘虏着他人好感和青睐。

1.名字让人记分明

自我介绍时，通常第一项任务就是“自报家门”，即道出自己的姓名。汉语中存在大量同音不同字或同字不同音的现象，因此人们在自报家门时，往往会对自己姓和名的读音、写法以及意义做出解释。这种解释越巧妙，越独特，就越能给他人留下深刻的印象。一个人的姓名，往往包含着父母的愿望、出生的背景和文化的底蕴。对于自己名字的解释，往往能让他人在这一瞬间对你的文化修养、知识水平、性格特征乃至家庭背景等产生大致方向的判断。因此，在向他人介绍自己前，不妨先认真研究一下自己名字的介绍方法。

2.“我”字不能句句说

人们在向他人介绍自己时，免不了要说一个“我”字。然而，“我”是一个主观性很强的字眼。在他人听来，“我”带有浓重的个人主义色彩，如果频繁使用，很可能造成他人的反感。因此，在做自我介绍时，使用“我”字要把握分寸，不仅在使用频率上要注意，在语气方面也要注意。说“我”字时，不要拖长字音，不要加重语气，更不要表现出一种扬扬自得、盛气凌人的模样。另外，在介绍自己时，最好不要用“第一”“最”“很”“非常”之类的字眼，这样才能树立你在他人心中随和、谦虚的形象。

3.换个花样聊自己

人们自我介绍的内容大抵包括姓名、职业、学历、兴趣等情况。而正因为这些话人人都会说，所以按照这个“标准套路”来介绍自己，也就变成了“不会说”。这样如出一辙的自我介绍很难突出自己，让他人眼前一亮。在介绍自己时，不妨换个套路、换个说法，用一些或幽默或生动的方式另辟蹊径，让别人更容易记住自己。

另辟蹊径的自我介绍，往往能勾起人们的好奇心，引起人们极大的兴趣。在“猎奇心理”的影响下，人们往往会选择将这次交流继续下去。如此，只要你的人格魅力、交际能力合格，这份交流就会扩展开来，并延伸到日后。

4.分清主次

在求职面试中，自我介绍通常是简短的、要求效率的；即便是在随意、轻松的朋友聚会里，也不会有人愿意花费长久的时间听一个陌生人滔滔不绝地长篇大论。因此，在有限的时间里，要学会分清主次、详略得当。在不同的场合、不同的人面前，要懂得分清哪些自我特质是应该浓墨重彩地描述、可以配给大部分时间的；哪些自我欣赏是应该一笔带过、及时让位的。

通过身边的小事切入主题，避免单刀直入

小姜是一家广告公司的销售业务员，她的主要工作是奔走于各公司之间，推销他们公司的广告创作方案。

一天，公司派小姜到一家房地产公司竞标。和其他广告公司的业务员一样，小姜也被安排在会议室，等待公司董事长亲自来审核方案。后来，秘书出来告诉大家，让大家把方案留一份，董

事长审核以后，再通知大家。小姜知道，这是公司的推脱之词，说不定方案已经定下来了呢。

就在小姜绝望的时候，忽然，她发现董事长一行人正要坐电梯到地下停车场去。于是，小姜以迅雷不及掩耳之势挤进了电梯。在电梯间里，小姜对董事长说道："您好，董事长，我是某某广告公司的小姜……"话还没有说完，就被秘书打断"对不起，董事长很忙，有什么事情去公司吧。"

小姜觉得自己必须力挽狂澜，她来之前听人说过董事长喜欢交响乐。于是，结结巴巴说道："董事长，我……我……我想，我想请您听一场明天晚上的音乐会——维也纳交响乐团，贝多芬、巴赫……"

董事长笑了："交响乐？贝多芬？"

"是的，明天晚上。然后我们可以一起吃点儿东西。"

董事长笑着说道："那你介意现在和我们一起去吃个饭吗，我们一起聊聊交响乐……"

后来，小姜公司的方案被这家房地产公司所采纳。

有时候，我们谈论一个话题不必直奔主题，可以先从身边的小事情着手，从对方感兴趣的话题谈起，再慢慢地深入主题，最终解决问题。有些人喜欢直来直去，直奔主题，而不知道变通，这样有时候反而会产生适得其反的效果，不能解决问题，最终还会将事情搞砸。也许有时候一个笑话，一句自嘲的话，甚至是一个鬼脸，都会使别人对你顿生好感。那么，我们怎样才能做到适时地从身边寻找话题来与别人谈话呢？

1.多去了解对方，谈对方感兴趣的话题

如果是我们有求于对方，那么在行前我们一定要多多了解对方的喜好、性格等；如果是别人第一次介绍认识的朋友，我们也要通过介绍人的介绍尽量地了解这个人的性格，以此来增进感情。当有求于别人时，我们不可以直奔主题，开门见山固然好，但在这种时候，会显得有点儿鲁莽和唐突。也会有人在交谈之中，大谈当下最牛的股市让自己挣了多少钱，但是，你也许会发现对方的脸色正“由晴变阴”。原来，在股市最牛的时候，也许他赔了很多钱。所以了解对方以后，我们还要谈对方感兴趣或是比较感兴趣的话题，不要贸然地去谈论只是自己感兴趣的话题。

2.扩大范围，深入主题

善于说话的人思维是跳跃式的，我们会发现他们会从身边的话题谈起，很快地从一个话题切换到另一个话题，并且还能呈现出连贯性。例如，一个人与第一次见面的人由工作谈到家庭，最后谈到自己的个人爱好以及很多事情，并且能在第一次见面时就和对方成为好朋友；而不善于谈话的人，由工作开头，说来说去的还是工作，不知道该怎样过渡到下一个话题，肯定聊一会儿就觉得无话可说。所以和陌生人交谈时，要从身边的话题谈起，自然过渡和切题，最终的目的是要加深感情，解决问题。

3.适当地掌握时机

我们和第一次见面的朋友不管是以什么样的话题起头，最终的目的都是拉近彼此之间的距离，增进感情，解决问题。那么，我们应该适时地把握时机，见缝插针地提出自己的问题，或是话题。例如，故事中的小姜，她只是来房地产公司推销她的方案，也许成功也许不成功。但是小姜就是在不成功的情况之下，找到了这样一个成功的机会。按照正常的思维，也许我们会去董事长办公室，但是那样的话你也许根本就进不了办公室就会被打发走，而小姜则是利用在电梯里的短短一两分钟就抓住了对方的心理。所以抓住时机来和别人交谈，对于我们和陌生人的交流也是十分重要的。

通过神情的交流达到心灵的沟通

小军从小身体非常虚弱，常常被小朋友欺辱，为此妈妈总是带着他去锻炼身体，希望通过锻炼增强他的体质。小军一直坚持了七八年，从来没有放松过。但是时至15岁的小军一点儿也没有变强壮，常常被同学们耻笑为一棵弱不禁风的小草。班上一些女同学还开玩笑地说，要保护小军。

为此，小军常常感觉抬不起头来。在这次学校举行的运动会上，小军发誓一定要证明给全班同学看，自己是铁骨铮铮的男子汉。妈妈是学校的老师，也为小军鼓励加油。小军报了2000米长跑，他觉得应该没问题，毕竟已锻炼七八年了。

比赛当天，小军信心十足。一开始他就把别的同学远远落在了后面，可是渐渐地，他感觉有些支持不住了。两条腿像灌了铅一样，怎么也迈不动。后面的同学渐渐地赶上来了。突然间，小军一个踉跄摔倒在跑道上。他实在跑不动了。

就在他打算放弃的时候，突然耳边传来了妈妈的加油声。小军挣扎着爬起来，一抬头的瞬间，看到不远处妈妈期待的眼神。“小军，爬起来，坚持下去，不要让别人看不起。”听到妈妈的这句话后，小军浑身充满了力量，他一跃而起，迅速追了上去。就在最后的3秒钟，小军抢先碰到了终点线。小军赢得了冠军。

从那之后，再也没有同学嘲笑小军了，他成了班里的大英雄。

一个人软弱的时候，需要别人的鼓励和加油。或许不用说什么，仅仅一个期待的眼神就足以让对方为之一震，从而有了坚持下去的理由。在人与人交往的过程中，用肢体传达信息扮演着非常重要的角色，尤其是面部表情的交流直接连着心灵的沟通。除了会观察别人的表情之外，还要会用面部表情传达内心的感受。所以，对于18岁以后的年轻人来说，鼓励别人、帮助别人才能获得更多的朋友，才能使朋友间的关系更加融洽。那么，到底该如何用神情来和对方进行心灵的沟通呢？

1.用微笑表达开心

一般情况下，一个人微笑表示这个人内心很愉悦，很开心。所以，在表达自己开心的时候，要微笑。在人际交往中，如果你感觉到和对方交往让你的心情舒畅，那么就给对方一个微笑。别人从你的微笑中获得了被肯定的信息，和你的交往与谈话就会继续进行下去。这说明双方的交流进行得很顺畅。被别人肯定是件愉悦的事情，对方内心愉悦，会把这份快乐反馈给你。如此一来，双方在传递彼此快乐的同时，获得了心灵的沟通。一般情况下，这是正常，也是成熟的交往方式。

2.用眼神表达悲伤

当一个人内心深处不愉快的时候，往往会从表情上传递出来，更准确地说应该是从眼神中流露出来。俗话说眼睛是心灵的窗户。尤其是悲伤和绝望的时候，眼神伪装不了，也掩饰不了。所以当你和别人交往时，如果发现对方的眼神中流露出悲伤和绝望，那么他内心深处一定有什么事情。这时候要及时地给予帮助和安慰。同样，当你遭受生活和命运的挫折后，内心的失望和悲伤往往也需要有人来分担。这时候如果有人在你身边倾听你的诉说、安慰你，你一定会心存感激。

3.用嘴巴表达拒绝

很多时候，当一个人内心深处对某个人、某件事不满意的时候，往往会用沉默来表达拒绝。当你和别人交流的过程中，如果发现对方始终没有过多的热情，并保持沉默，不怎么说话，那么你就要注意了。有可能是你所说的话，或者所持有的观点引起了对方内心深处的不满，对方在用沉默来抗拒你。这时候一定要及时解开对方心中的疙瘩。当然，如果你对别人说的话，或者是做的事不满意，又不好意思直接拒绝的时候，不妨也采用沉默的方式，让对方感觉到你的不满。这就是用嘴巴表达拒绝。

通过独特新颖的开场白彰显你的魅力

俗话说："好的开端是成功的一半。"人际交往也是一样。交谈是人际交往的主要方式，谈话是否能够顺利、和谐、愉快地进行，开场白能否开好至关重要。俄国作家高尔基曾经说过："最难的是开场白，就是第一句话，如同在音乐上一样，全曲的音调，都是它给予的。平常却又得花好长时间去寻找。"这不仅说明了开场白的重要性——它奠定了谈话的基本面貌和风格；又指出了开场白绝对不是随便说几句话那样简单，而是需要长期积累和斟酌研究的，是经验和智慧的结晶。若是想让你的开场白具有"致命"的吸引力，就必须洞察人情、洞悉人心，因为只有这样才能让别人对你的话感兴趣，从而有更进一步的交流和了解。而这正是作为一个成熟睿智的人所必须掌握的人际交往手段之一。

那么怎样才能让开场白具有"致命"的吸引力呢？要素当然很多，但最主要的有两点：一是能马上引起对方的注意和兴趣，二是能迅速拉近双方的距离。那么怎样才能做到这两点呢？这就需要用一些技巧和方法。

1.讲述故事引起对方的注意

不管是何种类型的故事，幽默笑话也好，奇闻异事也好，名人传记也好，只要和你将要说话的内容相关，只要说得足够生动、引人入胜，就一定能够引起对方的兴趣——因为从孩童到大人，没有谁不喜欢听动人的故事。

2.通过提问引起对方的好奇

你即将要说的内容是什么？是否会令人产生兴趣？你可以在一开始用提问的方式提出和内容相关的问题。因为人们听到问题会不自觉地思索答案，这是人们通常有的反应。只要他们开始思索你的问题，那么就会被你接下去的内容所吸引。

3.利用幽默活跃气氛

假如能用幽默生动的语言营造活跃、和谐、轻松的气氛，那么你就会更容易得到对方的认同和赞赏，深入的交谈也就成为可能。因为相比于严肃、沉闷的话题，人们更倾向于轻松的谈话，而对于妙语连珠、趣味横生的人，人们更加容易产生好感。

4.利用对方熟悉或关心的人、事、物来拉近双方的距离

假如你一开口就谈及对方熟悉或关心的人或事物，那么对方就会油然而生一种熟悉和亲切之感，并且建立起信任感，交谈自然也就水到渠成了。

杨丽是青少年心理学专家，有一次她应邀去一所高中做演讲，下面是她的开场白。

亲爱的同学们：望着这熟悉的校园和操场，我仿佛回到了我

的学生时代。若论辈分，你们应该叫我一声“师姐”，因为我和你们一样，曾经是这里的一分子。如今，我回来了，但带给你们的或许并不是一个好消息，因为我今天代表的是人类历史上最可怕的名词之一：它破坏了友情、亲情、邻里之情和同学之情。我是当今青少年中最大的杀手。我的名字不是酒，也不是毒品，而是——自杀。

在中国，每2分钟就有1人自杀、8人自杀未遂；全世界，每年有100多万人死于自杀；在瑞士、冰岛、澳大利亚和新西兰，自杀是少年儿童(小于15岁)的首要死亡原因；在其他一些国家，年龄超过85岁的人群自杀率最高。

听到这里，你们或许会问：为什么我们的高中没有采取措施呢？作为日常课程的组成部分，为什么高中缺少强制性的自杀防范纲要？这些问题都很重要。这也正是我今天在这里做演讲的原因。

……

杨丽的开场白的确很精彩：首先它拉近了双方的距离，“师姐”一词显得亲切而又随和，很容易得到学生们心理上的认同；其次一句“人类历史上最可怕的名词之一”激起了同学们的好奇心，促使他们继续听下去以便找到答案；然后，为了保持同学们的兴趣，她还引用了一些触目惊心的统计数据；最后用了两个令人深思并和同学们密切相关的问题引出了正文。可以想见，接下来的演讲一定取得了很好的效果。

有人将人们之间的交谈比作下棋，你所走的第一步不仅告诉了对方你将用何种思路，并且决定了即将展开的阵局，对于接下来的博弈相当重要。而开场白就相当于这第一步，所以必须紧紧抓住对方的心神。正如鲍勃·蒙克豪斯在《三言两语》中所说的那样：“开场白应该是一把钩子……”必须引人入胜，具有“致命”的吸引力，才能轻松地走好接下来的每一步。

话精而语妙，给人与众不同的初印象

一见如故，这是成功交际的理想境界。具有跟初交者一见如故能耐的人，就会朋友遍天下，做事左右逢源；反之，如果不善于跟陌生人交谈，就会在交际中处处受阻，事业也难以成功。当今时代，对于每个人来说，交际面越来越广，跟初交者一见如故的交际才能越来越显出其重要性。要想让你的谈话深入人心，一般应从以下几个方面入手。

1.用话语进行试探，找出共同点

说好第一句话，仅仅是良好的开端。要谈得有味，谈得投机，谈得其乐融融，双方就必须确立共同感兴趣的话题。这就要在谈话时仔细观察对方，从他的兴趣、爱好、个性特点入手，初次见面要做到一点，就要洞幽烛微，由细微处见品性。

生活在同一时代，同一国土，只要善于寻找，何愁没有共同语言？一位小学教师和一名泥瓦匠，两者似乎没有相同之处。但是，如果这个泥瓦匠是一位小学生的家长，那么，两者可以就如何教育孩子的问题各抒己见，交流看法……只要双方留意试探，就不难发现彼此有对某一问题的相同观点、某一方面共同的兴趣爱好、某一类大家共同关心的事情。

2.抓住时机，适时切入

陌生人之间交谈，除了了解对方，让对方多开口外，还要看准情势，不放过应当说话的机会，适时插入交谈，让对方充分了解自己。如果你切入式的谈话能引起陌生人的共鸣、使其获取教益，那么双方会更亲近。

和陌生人谈话的开场白结束之后，特别要注意话题的选择，那些容易引起争论的问题要尽量避免。为此，当你选择某种话题时，要特别留意对方的眼神和小动作，一旦发现对方有厌倦、冷淡的情绪时，就应立即转移话题。

3.好的告别语给对方留下深刻印象

能给对方留下深刻印象的告别语，会使对方感到意犹未尽，希冀下一次的交谈。例如：

“祝您成功，恭候佳音！”——良好的祝愿会使对方受到鼓舞。

“今天有幸结识您，愿从此常来常往！”——热情洋溢的语言会使对方获得充分的肯定。

“如果什么时候路过这里，请到我家做客，再见。”——邀请式的结束语使人感受到尊重，同时为以后的交往埋下了伏笔。

做到上述三条的关键是：情要热，语要妙。情要热，就是有满腔热情，直率真诚，不虚假，不做作，不炫耀自己；语要妙，就是措辞得当，出言有礼，吐语生辉，幽默自然。

如果你是一个口才极棒，说话深入人心、铿锵有力而又能让人难以忘怀的人，那么你就容易体会到别人对你的信赖，体会到内心的满足感和成就感。有了这样的魅力，你就有了阿里巴巴的“芝麻开门”，就有了打开财富宝藏的钥匙。

适时缄默，与初识之人交谈时学会“矜持”

有一句话叫作“人心隔肚皮”，还有一句话叫作“害人之心不可有，防人之心不可无”，这些话都告诉我们，人心难测，与人相交时，尤其是与陌生人相交时，最好不要口无遮拦，什么知心话都和人说。我们不是别人肚子里的蛔虫，不可能将每个人都摸透。与人相交，一片赤诚固然不错，但我们首先要学会保护自己。

朗生是出了名的爱热闹、热心肠的人，平时最喜欢结交朋友，公司一有新同事报到，他就自掏腰包请人去“搓一顿”，好及时联络感情。

这天，部门又新来了一个同事，大家都叫他小赵。小赵生得高大健硕，却一副腼腆的样子，不愿主动和人说话。别人找他搭话，他也只是简单说两句，微微一笑，就红着脸低下头去。

下班后，朗生照例又去邀请小赵喝两杯，好说歹说总算说动了他，便带他来到了自己经常光顾的一个小饭馆，点了几个饭馆的拿手菜，要了一瓶酒。朗生先简单向小赵介绍了一点儿自己的情况，然后就开始和他推杯换盏。

小赵一直推说自己酒量不行，因此不管朗生怎么劝，他都很少喝。一瓶酒下来，倒是朗生的舌头先大了。推杯换盏之后，就是推心置腹，朗生不断拍着小赵的肩，醉醺醺地说道："小赵，好好干！我一看你就是个厚道人，值得相信。厚道人在这个公司可不好混，以后有什么事，你尽管来找我，我给你出主意，我给你撑腰！不怕告诉你，办公室里那些人，有一个算一个，当然也包括我，一个赛一个心眼儿贼，你得防着点儿！我们办公室和总经理办公室在一层楼，你可得小心点儿。那个老巫婆，你少惹她！见到的时候打完招呼赶紧走，别给她整你的机会。更年期的妇女啊，就是难缠，没毛病也给你挑出点儿毛病来恶心你，我吃这亏好几回啦！"

小赵听了这话，表情很不自然，勉强笑了笑，说道："生哥，不早了，回去吧，明儿还要早起上班呢！"朗生见小赵要走，也不强留，爽快地结了账，就在小赵的搀扶下踉踉跄跄地出了小饭馆。两人各自上了一辆的士，就此别过。

第二天一早，朗生来到公司，正喝着绿茶醒酒时，郭姐神神秘秘走过来，凑到他耳边说："大生，听说了吗，新来的小赵原来是赵总的侄子。你说我昨天怎么没想到呢，一笔写不出两个赵啊！完了，完了，昨天你们都跟他打招呼，就我没理他，这下我完了。”

朗生一口水呛住，差点儿咳出肺来。

聪明的人，从来不会在任何场合、任何时间，面对任何人都不断倾诉自己。施展口才也要分地点、时间和对象。不熟之人，对于你来说，可能是一位尚未转身的天使，也可能是颗隐藏的炸弹，这其中的未知数是你无法预料的；带来的后果，甚至可能是你无法承受的。因此，在与初识之人交往时，切忌还未摸清对方底细就一股脑儿地“开诚布公”。

为什么在不熟悉的人面前不宜讲太多呢？

1.讲得太多，可能让你惹上不必要的麻烦

有些人在和陌生人相识后，有时会因为一种莫名的亲切感而“相见恨晚”，恨不能让对方立即了解自己、接受自己，于是迫不及待地将自己的生辰八字、家庭背景、职业现状、兴趣爱好、人际关系等情况竹筒倒豆子般地通通告诉对方，以便让其尽快融入自己的世界。而你道出的这些情况中，有时不仅包含着你个人的隐私，还包含着他人的个人情况，甚至自己公司乃至整个行业的机密。这些情况，都有可能被心怀叵测的人所利用，造成严重的后果。此外，以这样热情的态度对待陌生人，如果遇到不知“见外”的人，在初识时就提出种种难以做到的要求，会让你进退两难，使双方的关系变得尴尬。

2.讲得太多，可能让人怀疑你的意图

不可否认的是，如今人们的防卫心理越来越重，对于初次相识就“热情过度”的人，大多数人出于安全需求的考虑，都会加重防范，更加刻意地与你拉开距离。若与初识之人交谈时喋喋不休，那么你每讲一句，对方都会在心里揣度你下一句话可能透露出的“真实意图”。试问，在这种心态下，彼此之间又如何能有效地沟通呢？

3.讲得太多，可能让人质疑你的能力

中国人历来崇尚“讷于言而敏于行”，在当今社会，人们对于这句话的解读，已不仅仅停留在只做不说的层面。“敏于行”，要求我们实事求是、脚踏实地地去做；“讷于言”，则要求我们懂得把握时机，把握对象，知道什么时候该说什么，在什么人面前能说什么，而不是永远口若悬河。你说得太多，会让别人觉得你是思想上的巨人，行动上的矮子；退一步说，即便别人不会因此而否定你的办事能力，也会因此而质疑你的表达能力，因为在他们看来，你似乎没有能力总结自己的中心思想并且以简练的语言表达出来。

第 03 章

掌握提问技巧，在交流中学会以智取胜

◎ 交流中避免无效问题

◎ 在询问的过程中逐层深入，善于引导

◎ 迂回的处理方式有时反而有益于问题的直接解决

◎ 投石问路，摸清情况再发表言论

◎ 通过恰到好处的提问达到交谈的目的

交流中避免无效问题

小黄是某高校本科毕业生。这年他申请出国留学，获得了学校的审批。

来到美国后，他结识了一个好朋友，叫作彼得。两个人经常一起学习，一起踢足球、打篮球，就连课题研究也是一样的。但是最近两个人却发生了一次不小的争吵，给两人的友谊蒙上了阴影。

原来有一次，小黄关心地问彼得："你家里有几口人啊？"

彼得一听，厌烦地说："这是我的秘密，不能告诉你。"

小黄觉得不可思议，生气地说："我这是在关心你，关心你的家庭。你怎么不识好人心呢？"

彼得也生气了，他说："你们中国人难道对别人的家庭就那么感兴趣吗？"

小黄气愤地说："我关心了你一下，你怎么扯上中国人了？中国人哪里得罪你了？！"

彼得大声说："我不讨厌中国人，但我讨厌你。"说完头也不回地走了。

从那以后，小黄和彼得很少说话，遇见了也是扭头就走。

向对方提问，一定要注意，不要提问没有意义的问题。否则会引起对方的厌恶。可能你认为是在关心对方，但是前提对方是否需要你的关心。如果对方不需要，那么你的关心就会给对方带来压力。同样，在提问的时候，要想清楚，对方是否愿意回答你的问题，如果对方不愿意回答，那么你的提问根本没有任何意义，还会让对方觉得你很无聊。所以，在提问的时候，一定要避免提问无效的问题。那么，到底如何才能避免提问无效的问题呢？

1.提问要有针对性

在向对方提问的时候，一定要有针对性，不能眉毛胡子一把抓。要根据对方的年龄、身份、文化素养和性格来提出不同的问题。例如，对小朋友可以问："你今年几岁了？"但是对于老人就不能这么问。对于中国人，询问对方的家庭、对方的收入等都表示关心，也是对对方的尊重。但是如果这样问一个美国人，则会引起对方的厌恶，他们觉得这是在打听隐私。所以，要针对不同的情况用不同的方式来询问。这样，在人际交往中，才能维持良好的人际关系。如果不了解对方的实际情况，那么最好不要盲目地提问，否则会给自己带来不必要的麻烦。

2.要照顾对方的心理状况

在提问的时候，一定要照顾对方的心理状况，如对方高兴的时候，可以询问："什么事让你这么高兴啊？"对方在兴头上，自然愿意把快乐跟你分享。如果对方受到了巨大的刺激，悲痛欲绝。这时候你如果问："怎么了啊？让你这么难受。"对方本来就难受，你的询问无疑加剧了别人的痛苦。所以，在询问的时候，一定要看对方的心理状况。对方心情好的时候可以询问，分享快乐。对方心情不好的时候，也可以询问，分担痛苦，但是仅限于关系比较好的朋友之间。如果关系没有达到一定的程度，贸然询问，不但得不到对方的肯定，还会成为对方的出气筒。

3.要选择合适的话题

话题是两个人交流的载体。在试图了解对方的时候，询问是一条很快的途径。但是询问的时候，一定要选择合适的话题，否则双方说几句就没话可聊了。这样双方的交流就没有办法正常地进行。在选择话题的时候最好选对方感兴趣的。例如，一个人羽毛球打得很好，你就可以问："听说你很喜欢打羽毛球，是么？"对方喜欢打羽毛球，自然有很多愿意交流的心得。这样，双方就羽毛球会展开一番交流。所以，询问的时候一定要事先了解对方感兴趣的话题。如果不知道，可以通过观察来试探。如对方穿着运动服出现在你的面前，你可以问："你平时很喜欢运动吗？"如果对方回答是，则有了话题可聊。如果对方回答不是，可能会告诉你他喜欢什么。这样，可以围绕着对方喜欢的话题，展开一番交流和讨论。

在询问的过程中逐层深入，善于引导

在询问时如何逐步深入呢？

1.预先明确目标

在询问的时候，一定要有一个明确的目标，即你向对方发问是想到达一个什么目的。只有明确了这个目的，在具体的询问中才会有所指。千万不能没有目标，胡乱发问。这样不但不能达到逐步深入的目的，还会引起对方的反感。有了明确的目标，还要明白每一个问题怎么问才比较合适，问到一个什么程度才算恰到好处。只要心中有了这些明确的规划，询问起来就不会不知所云。所以，在询问之前，一定要明确自己想要达到的目标。

2.说话要有逻辑性

在询问的时候，每个问题之间都要有很强的逻辑性，这样才能一步一步将对方引导到我们预想设置好的目标上。如果哪一个问题上出了差错，自相矛盾，或者问得不严谨，那么就没有办法成功引导对方。因为你自身出了问题，也就意味着你所设置的所有逻辑都存在着问题。连自己都说服不了，怎么去引导别人呢？所以，在引导的时候，一定要注意语言的逻辑性。要仔细斟酌每一个词，每一句话。把话说得严谨一些，不要犯明显的错误。这样一来，对方在你的引导下才能顺利到达预先设置好的目标。否则，被对方找出逻辑的错误，反驳得无话可说，不但不能引导对方，还有可能被对方所引导。

3.多用问句引导

在引导对方的时候，要多用问句，尤其是反问句，让对方所坚持的观点和看法在你的反问下失去抵抗力，从而乖乖地听从你的调遣。当然，在用反问句的时候，要先用大量的论据和事实将对方驳倒。在你的反问下，对方再不缴械投降似乎已经没有退路了。这样在你环环相扣的一个个反问下，对方会一步步地跟着你靠近预先设置好的目标。例如，你举了大量的例子说明不上学是没有出路的，然后问："难道你还不想去学校吗？"在事实面前，对方自然乖乖地跟着你去学校。如果事实不充分，说明不了问题，对方自然会起身反驳。这样整个设计就会功亏一篑。

迂回的处理方式有时反而有益于问题的直接解决

小于和老王是生意上的伙伴。小于给老王发了整整的两车货，可是老王却因为资金有限，迟迟没有结款，这让小于压力很大，毕竟小于也是小本买卖。没有足够的资金流转，生意根本没法正常运营下去。

但是小于也不敢追得紧了，万一老王一发脾气，要起赖，这笔账就有可能成为死账，这是小于最怕的。所以他既想要账，又怕得罪老王。

这天，小于来找老王，二人来到餐厅，点了一桌上好的酒席。二人一边吃，一边喝，称兄道弟论起了交情。席间，小于突然悲伤起来，这让老王“丈二和尚摸不着头脑”，在老王的再三询问下，小于一再地哭穷，说自己的生意就要大亏本了，公司也要倒闭了。小于越说越伤心，最后哭了起来，他拉着老王的手说：“王哥，你说我是不是天生就这命啊？”

小于说得越悲惨，老王觉得越难受。他再也坐不住了，当晚就把账给小于结了。

有些问题不方便直接问，就要迂回发问。例如，故事中，小于的一问，不是在问，而是在拷问老王的良心。如果小于说一大兜子好话，问老王：“我的钱你什么时候结？”可能老王无论如何也不会立即给他钱的，而且这样直接问就伤了两人的交情。所以，有些时候，有些问题绝对不能直接问，要采取迂回发问的形式，既将你的问题传达给对方，而且让对方保住了足够的面子，这样才有益于问题的直接解决。那么，在迂回发问的时候，要注意哪些问题呢？

1.问的问题和急需解决的问题之间要有关联性

在迂回发问的时候，问的问题和急需解决的问题之间要有关联性，这样才能让被问者明白对方的所指。否则，问了也是白问，因为对方根本不知道你的意图所在。对方不明白你的意思，自然给你解决不了问题。所以，在迂回发问的时候，一定要找到两个问题之间的关联性。这样，才能达到旁敲侧击的效果。如果对方想给你解决，自然顺水推舟就解决了你的问题。如果对方不想解决，也会找个理由来搪塞。这样一来，双方也不会撕破脸皮。所以，迂回发问的时候，一定要找到关联，不能盲目发问。

2.要选择一个合适的时间

在迂回发问的时候，一定要找个合适的时间。例如，对方休闲的时候，或者是晚饭后。向对方表达你的意愿，一定要确定对方能听得懂，并且有时间去听。否则就失去了意义。如果对方正在忙，你一个劲地在旁边讲故事，对方会觉得你实在闲得无聊，自然不会搭理你。所以，在向对方提问的时候，要事先了解对方什么时候能听得进去，什么时候能解决问题。这是迂回提问的关键所在。

3.要有个适当的铺垫

在用迂回的方式向对方提问的时候，要事先设置一个适当铺垫。例如，故事中小于采用迂回的方式向老王要钱的时候，首先请对方喝酒，然后借着酒劲诉苦，把自己的苦衷通过生意的失败表达出来。事实上，如果老王给了钱，生意自然不会失败了。所以，小于借着喝酒这个铺垫，将自己想要钱的想法成功地传达给了老王。最终将问题成功地解决了。所以，在向对方迂回发问的时候，也要找个适当的铺垫。有了这个铺垫，就能巧妙地将铺垫的情景成功地传达给对方。

投石问路，摸清情况再发表言论

当你有具体想法时，不要直接提出，而是先提一个与自己本意相关的问题，请对方回答，如果从其答案中，自己已经得出否定性的判断，那就不要再提出自己原定的想法了，以免尴尬。例如，有位女士买了一袋食品，拿回家后感到服务员找的钱不对，但是又没有把握是人家找错了。于是她又回去，问道："小姐，这种食品多少钱？"对方回答后，她立即明白是自己算错了，说了句"谢谢"，满意地离开了商场。这位女士的处理方法就是明智的。

这个事例告诉我们，当自己拿不准的时候，不要武断地提出否定对方的要求，最好使用投石问路法，先摸清情况，再决定下一步如何行动。

1.触类旁通法

当你想提出一个要求时，可以先提出一个与此同属一类的问题，试探对方的态度。如果得到肯定的信息，便可进一步提出自己的要求；如果对方的态度是否定的，那就免开尊口，以免遭到拒绝而出现尴尬。例如，有一位干部打算调离本单位，但是又担心领导当场给予否定或给领导留下坏印象，以后不好工作。于是他这样提出问题："书记，咱们单位有的青年干部想挪挪窝儿，您觉得怎么样？"书记说："人才流动我是赞成的。"他见领导态度可以，于是进一步说道："如果这个人是我呢？""那也不拦，只要有地方要，你可以另谋高就。”他据此摸清了领导的态度。不久，正式向领导提出了调动的申请。用触类旁通法进行试探，其好处是可进可退，进退自如，在交际中有广泛的用途。

2.顺便提出法

有时提出问题，并不用采用郑重其事的方式，因为这种方式显得过分重视，至关重要，一旦被否定，自己就会感到下不来台；而如果在执行某一交际任务过程中，利用适当时机顺便提出自己的问题，给人的印象是并未把此事看得很重，即使不能满足，也没有什么感觉。例如，某业务员在与某厂长谈生意告一段落时，向对方提出一个问题，说：“顺便问一句，你们厂要不要人？我有个同事想到你们这里来工作。”厂长说：“我们厂的效益不错，想来的人很多。可是目前我们一个也没要。”“噢，是这样。”在对方的否定答复面前，他一点儿也没有感到尴尬，但是已达到了试探的目的。如果一开始他就以郑重其事的态度向对方提出这个问题，并遭到对方的拒绝，那现场的气氛就可想而知了。

再如，青工小闰随同厂长去拜访一位有名望的书法家，在谈完正事之后，小闰乘机说：“万老，我很喜欢您的字，如果您在百忙中能给我写一幅，那就太好了。”万老说：“近来我的身体不太好，以后再说吧。”很显然这是在拒绝，但是，由于是顺便提出的要求，小闰并不感到尴尬。

实际上，在很多情况下，顺便提出的问题往往是自己要说明的真正意图，但是，由于使用这种轻描淡写的方式顺便一说，就使自己变得更主动一些，有退路可走，并可以有效地防止对方否定造成的心理失衡。

3.开玩笑法

有时可以把本来应郑重其事提出的问题用开玩笑的口气说出来，如果对方给予否定，便可把这个问题归结为开玩笑，这样既可达到试探的目的，又可在一笑之中化解尴尬，维护自尊。

更多地了解对方是获得成功的基础，要想了解别人，除了私下进行大量的调查研究、掌握资料之外，还要在交际中直接或间接地提出问题，进行咨询，这也是一种很好的方法。此外，作为一个好的策略，投石问路需要把握火候，有一定的技巧。如果你把握得好，提问得很有艺术也很有水平，别人又能接受，那么你就可以从对方那里得到通常不易得到的资料。

通过恰到好处的提问达到交谈的目的

人与人交谈时，掌握问话的技巧，恰到好处地提问，就能逐步探明对方的本意，从而达到交谈的目的。开始时，应让对方回答一些较容易的问题，然后渐渐地提出一些不能用“是”或“不是”回答的问题，如“你喜欢什么？”“为什么喜欢呢？”继续提出这类问题，对方即使很厌烦，但仍然会以自己的话来回答，当然这样也能较具体地把对方内心的话反映出来。在社交中特别想知道对方的意图时，这个方法可以有效地达到目的。

例如，你跑到海鲜酒楼里，点菜时问服务员：“今天的龙虾好不好？”这等于白问，因为他一定会说好，除非你是熟客。倘若你用另一种方法问：“今天有什么好的海鲜？”那么效果就会完全不同。

又如，美国有些冰果店因为一些客人喜欢在喝可可时放个鸡蛋，所以服务员在客人要可可时必问一句：“要不要加鸡蛋？”某心理学家应邀到一家冰果店去研究如何发展营业时，关于问是否加鸡蛋一事，他说不应问“要不要加鸡蛋？”而是问“要一个还是两个鸡蛋？”这种问法，多做一个鸡蛋的生意是绝对有把握的。

一开始就抓住关键，切中要害，并由此设问，以问题引路，自问自答，引出一段解释，从而清楚地消除听者的疑问，这种方法也是工作和生活中常用的。如果要使你的意见被别人同意，你必须牢牢地记住：使对方立即说“是”。

善于设问，往往能够切中要害，更有效地解决问题，从而收到设想的效果。设问，就是原本没有疑问而自提自问，是明知故问。设问后，可以自问自答，也可以只问不答。这的确是一种非常简单的技巧，但是它被许多人忽略了。许多人，一开口就愚蠢地提出别人不能接受的问题，使别人立即采取反对的态度，因而弄得无法实现自己的目标。有一些人，则在这方面获得了一个又一个的成功。

设问用得好，能引人注意，诱人思考，把谈话内容变得更加吸引人。可以说，“设问”是沟通过程中最能打动人心的秘诀。

第 04 章

幽默的谈吐帮你“分分钟”赢得他人的好感

◎ 幽默是世间最高明的语言艺术

◎ 颠覆固有逻辑思维，幽默不喜寻常路

◎ 即兴调侃，从容应对突发状况

◎ 比喻手法的运用使你的谈吐更加妙趣横生

◎ 发散思维，幽默往往源于联想

◎ 出其不意，转折与巧合造就幽默的契机

幽默是世间最高明的语言艺术

现实生活中，每个人都想成为处处受欢迎的人，而不愿意自己被他人所排斥和抗拒。的确，一个总是招人讨厌的人，很难拥有好人缘，且不说他的人际关系将会变得很恶劣，而且也会因此导致人生处处受限。毋庸置疑，良好的人际关系对于每个人而言都是非常重要的人脉资源，如果缺少这些成功的必要条件，人们在社会生活中将举步维艰。因而，真正的聪明人都会不遗余力地想要具备幽默的技能，并让自己能够灵活运用幽默，以获得良好的人际关系。

其实，熟悉的人因为对彼此的了解比较深刻，因而不容易产生误解，也不会轻易地给人留下恶劣的印象。但是对于不熟悉的人，尤其是我们面对陌生人时，幽默显得至关重要。众所周知，面对陌生人，大多数人都会比较紧张，也无法做到坦然自若，倘若这时候其中的任何一方能够灵活展现幽默的魅力，则能够在最短的时间内拉近彼此之间的距离，也可以使现场的气氛变得轻松活跃，交谈自然也就顺畅起来。从古至今，有很多成功人士都深谙幽默的道理，诸如我国的周恩来总理，我们的国家还不够强大的时候，常常遭遇西方国家的嘲笑和挖苦。每当这时，敬爱的周总理总是充分运用幽默的能力，从容应对西方国家中那些对中国不怀好意的人说出来的难听话。他不但应对自如，而且很善于运用幽默的方式进行反击，往往使对方哑巴吃黄连，有苦说不出。又如，在西方国家中，人们更加重视幽默。哪怕是年轻人寻找人生伴侣，也会以幽默作为非常重要的择偶标准之一。似乎一旦缺少了幽默，整个人生都会因此而变得黯淡无光。由此可见，幽默具有神奇的力量。

作为法国著名的剧作家，贝尔拉非常幽默。有一次，他去一家高档餐厅就餐，当侍者把汤送来后，他说：“我无法吃这种汤。”这家餐厅服务非常好，真正把顾客当成上帝，尽量满足顾客的一切需求。为此，侍者表示歉意之后，马上把汤端走，并且送来了菜单，让贝尔拉重新选择一款自己喜欢的汤。然而，当侍者再次把汤送来时，贝尔拉依然说：“我无法吃这种汤。”侍者面对这个难缠的客人，感到非常为难，无奈之下，他只好找来餐厅经理。经理礼貌地问贝尔拉：“您好，先生，请问您对刚才的汤有什么不满意的地方吗？在我们的餐厅里，顾客们都很喜欢这两款汤。”这时，贝尔拉说：“当然，我也很喜欢这两款汤，但是，我没有汤勺，如何吃它们呢！”听了贝尔拉的回答，经理忍俊不禁。

还有一次，贝尔拉乘坐火车外出旅行，他坐在头等车厢里，却毫无顾忌地抽烟。这时，一位旅客火冒三丈，毫不犹豫地阻止贝尔拉。贝尔拉对此无动于衷，继续怡然自得地抽烟。无奈之下，那位旅客气呼呼地去找列车长。列车长毫不客气地指责贝尔拉："这位先生，请您接受好意的劝告，不要在车厢里抽烟。"贝尔拉依然怡然自得地抽烟，缓缓地对列车长说："列车长先生，请您首先履行自己的职责，查一查那位旅客的票。"在列车长的要求下，那位旅客很不好意思地掏出了自己的票，原来他买的是二等车厢的票，却坐到了头等车厢。等到列车长离开之后，相邻的旅客好奇地问贝尔拉："先生，您是如何知道那位旅客的票是二等车厢的呢？"贝尔拉扬扬自得地说："因为我从他透明的口袋里看到，他的车票和我的车票一模一样。"

贝尔拉是一个很幽默的人，尽管他几次三番故意"刁难"侍者，也让餐厅经理不明所以，不过他并不是出于恶意，而且最终把大家逗得忍俊不禁。在第二个事例中，他的幽默之中还透露着小小的狡黠，给人带来愉快的感受，瞬间拉近了与他人之间的距离。

当然，一个愚蠢的人是很难真正发挥幽默的魅力的，任何时候，我们都要区分幽默与低俗玩笑之间的区别。真正的幽默未必需要夸夸其谈、口若悬河，也不需要故意逢迎他人，而是画龙点睛，虽然说话言简意赅，却也同样能够达到出人预料的幽默效果。很多人以为幽默仅仅限于语言的表现形式，其实幽默更是思维的表现，一个人只有具备灵活的思维，才能够做到及时应变，并以好的口才作为表现的绝佳形式，这样才能真正拥有幽默的能力。因而，在日常生活中，为了培养我们的幽默能力，提升我们的幽默技能，首先要学会发散思维。通常情况下，人们的思维总是受到经验等的局限，导致无法成功地跳跃、创新。唯有养成创新思维、发散思维的好习惯，我们才能突破常规的局限，彻底打开自己的思路，让自己变得更富有创意。当然，我们也要提升自己的内心，让自己变得真正强大起来。当我们内心淡定平和，精神上非常强大，再加上语言的魅力，自然能够成为处处受人欢迎的幽默使者。

颠覆固有逻辑思维，幽默不喜寻常路

有这样一个鲜为人知的小故事：

古时候有位老太太，有两个女儿，一个女儿开了家鞋店，另一个女儿开了家雨伞店。这个老太太为了两个女儿的商店整天哭哭啼啼的。每当天气晴朗时，她就想起了卖伞女儿的伞卖不出去，因此伤心地哭泣；每当天下雨的时候，她又想起了卖鞋女儿的鞋不好卖，所以又伤心地哭泣。

一天，一位智者路过，看见老太太在门前哭泣，就问她为什么哭。老太太将事情一一给智者说明。

智者听了后，微微笑道：“下雨的时候，你要想你的卖伞女儿的生意多好；天气晴朗的时候，你要想你的卖鞋女儿鞋卖得好，这样你不就不会伤心了吗？”

听了智者的一番话，老太太哈哈大笑起来。从此，下雨也好，天气晴朗也罢，老太太总是乐呵呵的，整天快乐地生活着。

一句话用不同的方法表达出来就有不同的效果。故事当中的智者，在听了老太太的话后，认真分析了整个事件的前后逻辑关系。智者在讲话的时候略施小计，将原来的逻辑关系重新排列，讲给了老太太听，最终使老太太转忧为喜了。从这个小故事当中，我们可以看到，说话时语言的逻辑关系对整个事件的重要性。在成功的谈话交流当中，我们怎样才能保证不使自己的思维逻辑发生混乱呢？

1.发散思维使问题考虑得更加周全

在传统的直线思维面前，当面对困难时，我们往往会束手无策。遇到这样的情况，最常见的一种解决问题的方法就是利用逆向思维。逆向思维与传统的思维方式不同，它是从问题的另一端开始思考或是从问题的另一个侧面进行思考。这样一来，那些比较困难的问题在我们面前都显得不是问题了。但我们仅仅用这两种思维方式去解决问题还远远不够，还需用另外一种思维方式——发散思维。

发散思维是人在解决问题时，要从问题的各个方面去看待问题，从而提出多种解决问题的方法，以达到更加完美的追求。在与人交往时，我们要特别重视用发散思维的方式去思考问题。

例如，公司要与客户谈判。在谈判开始前双方都要制订自己的谈判方案，在制订谈判方案的时候就得用发散思维的方式去考虑问题。只有充分考虑了各个方面的问题，在谈判过程中才能显得成竹在胸、胜券在握。

2.理顺逻辑是关键

有什么样的思维，就有什么样的语言。人的思维不乱，语言也不会乱。例如，那些演讲家在一场精彩的演讲过程中，思维活跃而镇定，一旦思维出现了混乱，那他的演讲还会那么精彩吗?在我们的正常交往中，也会有这样的感觉，就是当你的思维比较清晰的时候，你所说出来的话都是有条理、较为清晰的。一旦你紧张时，思维就会出现混乱，理也理不清楚，说也说不清楚。

在自己的思维混乱时，先要镇定下来，这样才能做到心中有数、有条不紊。即使面对再困难的问题，我们只要静下心来好好理顺逻辑，仔细分析，就能充分地解决问题。

3.常想常用是方法

逻辑，说明白了就是问题的前后顺序。只是这种逻辑对一般人来讲都不好掌握，只有经常从各个方面去思考问题，并用多种方法去解决问题，才能逐步地掌握。在正常的交往当中，只要注意说话时的前言和后语就可以了。通常所说的“前言不搭后语”就是逻辑思维出现混乱所导致的结果，往往会让人闹笑话。

在与别人的谈话中，不仅仅要理顺自己说话时的思维逻辑，还要掌握别人说话时的逻辑关系，从对方的逻辑语言中提取有价值的信息。这样才能更加显示谈话者不会闹笑话的谈话技巧。有时候“前言不搭后语”会闹笑话，但是有时候我们需要用这种颠倒逻辑的方法去解决问题。一次恰当的颠倒逻辑，反而会给谈话中的双方增添无穷的乐趣。所以，在谈话中，我们不妨也用颠倒逻辑的方法来适当风趣一番吧！

即兴调侃，从容应对突发状况

在马戏团里面，表演马术的罗伯特经常喜欢在台上给观众来个即兴表演。一次大型的表演即将开始，这次表演对马戏团来说是非常重要的一次宣传。马戏团的导演在罗伯特表演之前郑重地警告他：“罗伯特，你知道这次演出对我们马戏团有多么重要吗？所以我要求你今天不许在台上即兴表演。”

罗伯特心中也知道这次表演对他们整个马戏团的重要性，就带着保证的口气答应了导演。

可谁知，难以预料的事情发生了。

罗伯特刚牵着马到舞台的中央，马突然在舞台上当着观众的面撒起了尿。坐在台下的导演远远地把这一切看在眼里，心中很不是滋味儿。

此时的罗伯特不愧为调侃专家，情急之下，他对着马大声说道：“上台前你难道没有听到导演说不能在台上撒尿吗？”随即，台下传来一片欢笑声和鼓掌声。

最后，整个表演在观众的一片掌声中结束了。

即兴表演就是一种临场发挥，在当事者不知道的前提下，面对一个突如其来的问题进行“救急”的发挥。即兴表演，有时候会给定你表演的节目，而有时候则需要你的临场想象。就像案例当中的罗伯特，面对突如其来的马撒尿事件，镇定自若地发起即兴调侃以解困。这次调侃并没有给导演带来什么坏处，相反，它给整个表演带来了高潮，让人们在欢快的气氛中记住了罗伯特，也记住了整个马戏团。

在与人交往时，难免会出现尴尬的局面，面对这样的局面有的人往往难以应付，而有的人却能应对得潇洒自如。这里面就包含了一种说话技巧——学会即兴调侃。在正常的谈话当中，我们怎样调侃才能显示自己的风趣呢？

1.即兴调侃以乐为主

人在长时间谈话时会出现脑部疲劳，更加明显的表现就是精神不集中，甚至语言出现暂时性紊乱。面对这样的情况，谈话者应稍做休息，但是有时候不能就此而中断谈话，所以要借助一定的语言来放松我们的大脑。这种放松，简单地说就是即兴调侃，找个乐子放松一下高度紧张集中的大脑。例如，现在的大学生都喜欢在课堂上睡觉，而一个负责任的教授在上课时往往就会即兴调侃一下，来活跃死气沉沉的课堂气氛，让那些昏昏欲睡的学生打起精神来好好听讲。

但是，有时候我们遇到的调侃却是被人挖苦，甚至是陷害。这样的调侃我们在这里不提倡。在人与人的交往中，免不了出现一些令双方都不愉快的事情，这种情况下的调侃要尽可能地以乐为主，才能达到两全其美的境界。

2.顾全大局是关键

调侃对大家来说，都会不经意地发生于正常的交往中，只是自己没有注意罢了。一次谈话可能是两个人的谈话，也可能是多人的谈话。在不同的场合下谈话，要讲求不同的谈话原则，同样，调侃也不能盲目地进行，更不能无止境地进行。即兴调侃的目的是活跃谈话气氛，或是照顾陷入尴尬的受困者。在不同境遇的谈话中，即兴调侃既要做到给受困者解围，又要做到活跃氛围，更重要的是顾全大局，照顾在座的所有谈话者。所以，即兴调侃不管在任何时候，都要牢记顾全大局是关键。

3.即兴调侃是一门艺术

表演本身就是一门艺术，而即兴调侃更是一门上乘的表演艺术。谈话中，一句恰当的调侃既能显示你超一流的交往能力，又能放射出你与众不同的表演魅力。掌握一门艺术很难，而掌握一门谈话的艺术更难。

即兴调侃，首先，要把握时机。好朋友、关系很亲密的同志之间随时都可以调侃一下，但要是在较陌生一点儿的人之间，就要特别注意调侃的时机了。其次，要充分了解调侃的对象。有些人喜欢开玩笑，而有些人不喜欢开玩笑，往往把别人的调侃当作实话去对待，这样就会造成不必要的心理冲突。最后，要分清场合。一般的谈话场合只要掌握了基本的谈话技巧即可，而对于那些较为正式的谈话场合，有时候不妨也大胆调侃一下，这样会给大家抖掉一些思想包袱，让谈话者轻松上阵。

比喻手法的运用使你的谈吐更加妙趣横生

比喻是文学创作中常用的一种修辞手法，它能将抽象的事物变得形象生动，令人留下深刻的印象；同时还能将深奥的道理用通俗易懂的语言加以说明，令人更加容易接受。其实，在口语交际中，善用比喻也可以很好地达到这样的效果。

关于比喻的妙用，战国时代惠施曾经说过：“（比喻）以其所知，喻其之不所知，而使人知之。”在日常的发言和交谈中，恰当地运用比喻往往可以收到意想不到的效果。在说服他人时，比喻比罗列一大堆枯燥乏味的证据更加令人信服，并能使人豁然开朗，无须多言，深意自明。

比喻是一种高超的说话技巧，它不仅可以化枯燥乏味为生动有趣，化深奥难懂为浅显易明，化抽象概括为具体形象，化冗长繁复为简洁扼要，还可以显示说话者的机智幽默，委婉得体，举重若轻。在日常交往中，或许会遇到一些令人尴尬的话题，这时与其直接回答，不如巧妙地运用比喻来回答，既不回避，又保全了自己的面子。例如，在纽约国际笔会第48届年会上，中国著名作家陆文夫被问及对于性文学的看法时，依照中国人含蓄内敛的性格，直接回答这个问题似乎有些难堪，于是陆文夫巧妙地用了一个比喻作答："西方朋友接受一盒礼品时，往往当着别人的面就打开来看，而中国人恰恰相反，一般都要等客人离开后才打开盒子。"大家听到这个形象有趣的比喻都发出了会心的笑声，接着响起了一阵热烈的掌声。陆文夫用比喻将一个敏感的难题解答得简练而又圆满，由此可见比喻的妙用。

田甜的婆婆从乡下来了，一开始，大城市出身的田甜对这个穿着土气、满嘴方言的乡下老太婆不以为然，甚至还有一点儿看不起，但是时间长了，婆婆充满乡土气息、妙趣横生的比喻令田甜不由得刮目相看。

听说公公婆婆的婚姻完全是媒妁之言，婚前两人连面都没见过，于是田甜奇怪地问："既然婚前没有感情，妈你跟爸现在的感情怎么那么好呢？"婆婆说："我们就好比一壶冷水，放在炉子上，时间越久，温度就越高，到最后自然就沸腾了呗！"田甜被婆婆生动的比喻逗笑了。

田甜带婆婆出去逛街，买了一大堆东西，回到家，田甜问婆婆："逛街的感觉好吗？"婆婆笑着回答："逛街让我体会到了变身的感觉。"田甜好奇地问："为什么？""出门是兔子（跑得快），付钱时是鹅（抬头挺胸），回家是骆驼（背了一大堆）。"田甜听了不禁哈哈一笑。

田甜觉得自己的老公什么都好，就是只知埋头搞科研，不太善于同人交际。有一次，田甜又因此在数落老公，婆婆笑眯眯地说：“闺女，你喜欢夏天的蚊子和青蛙不？”“当然不。”田甜说。“那不就是，蚊子和青蛙天天在耳朵边聒噪，但没人喜欢；公鸡每天只在天亮的时候叫一声，但大家就都起床了。所以说得多不一定有用。”果然，没多久，老公的一项科研成果获了大奖，老公被提拔为技术科长，田甜这才领会婆婆的智慧：“你妈说你会‘一鸣惊人’，这话一点儿不假！”

老太太并没有多大的学问，但是她巧用比喻，令所说的话妙趣横生，充满了生活的智慧。在现代社会中，一个人若想有打动人心的好口才，光将事情说得清楚明白是远远不够的，还必须妙语连珠、幽默风趣，才能给人艺术上的美感。一个通俗形象的比喻，胜过长篇大论的叙述，它基于联想、富有想象，不仅给人以哲学上的启迪，更能体现出说话者的机智与幽默。所以，我们在训练自己的口才时，要有意识地培养自己的形象思维能力，将比喻巧妙地用于说话论证之中，使语言生动形象、富有文采。

发散思维，幽默往往源于联想

当我们接收到来自外部的信息时，大脑中会将原有的“信息库”与外部信息建立种种的联系，这就是我们常说的“联想”。

可以说，我们的大脑是一个加工器，通过它的处理，我们能够理解接收到的信息，并产生一定的创新。而语言要产生幽默效果，便离不开大脑在各种情境中对于语音、词汇等语言要素的联想。

在幽默的语言中，各种联想方式五花八门，真可谓“只有你猜不到，没有别人联想不到”。许多家喻户晓的幽默故事中，那些人人敬仰的幽默大师，就是用联想缔造了经典，如下面几例。

逆向联想：安徒生是个生活简朴的人。一天，他又戴着自己那顶旧帽子走在街上。一个路人经过时，笑道：“你脑子上是个什么玩意儿，那还能称作帽子吗？”安徒生立即回敬他：“你帽子下是个什么玩意儿，那还能称作脑袋吗？”

因果联想：有一次，马克·吐温乘坐火车出行，火车的龟速令他恼火。于是，在查票员查票时，马克·吐温弄来了一张儿童票并向其出示。查票员挖苦地说：“我真没看出您是个儿童！”马克·吐温故作认真地回答道：“是的，先生，如您所见，我现在已经不是孩子了，但当我买票上车的时候，确实还是个孩子！”

过人的联想能力，往往来自不同凡响的发散性思维。关于发散性思维，人们又叫它扩散性思维或求异思维。简单来说，就是以我们接收到的信息为中心，然后从不同的角度、方向、途径展开设想。它能带给我们各种不同的答案，更能为我们带来数不胜数的幽默方式。

那么，我们在平时的生活中，应当怎样提升自己的发散性思维呢？

1.想象力也要多练习

想象力是人类创新的源泉。有人说想象力是天生的，有人说随着年龄增长想象力在退化——无论如何，笨鸟先飞、勤能补拙是亘古不变的道理。大部分人的想象力通过合理、持久的思维训练，是能够达到令其满意的水平的。而这种思维训练，并不一定要什么专业的团队或教材来辅助，日常生活中，我们一样可以利用各种身边的事物来训练自己。例如，看到一条鱼，我们可以想象各种吃它、用它的方法。你会发现，在种种奇思妙想中，你的想象力在与日俱增。

2.不追求“标准”

在传统的教育模式中，很多人都习惯探寻一个“标准答案”，并以此为一种准绳。在这种教育模式渐行渐远的今天，曾经受到影响也不必因此而耿耿于怀。摒弃过往的习惯，不再多想“只能这样”，而是多问问自己“假如那样会怎样”，主动让自己多换几个角度去思考问题。

3.打破思维定式

很多时候，束缚我们的不是未知，而是已知。已知的知识，可以让我们在某些领域如鱼得水，但也会固定我们的思维模式，阻碍我们创新的脚步。有些时候，我们不妨试着用逆向思维去看待问题，多去想想，如果某件事情用完全相反的方式去处理，会出现什么结果；如果已知某件事情的结果，那么在最初，你又可以想出几种不同的方法呢?

出其不意，转折与巧合造就幽默的契机

莎士比亚曾说：“幽默和风趣是智慧的闪现。”真正的幽默，往往来自攻其不备、出其不意的灵光一现。一句出人意料的话，能使人们感受或联想到一种意料之外的结果，由巧合和言外之意带来的韵味往往会令人忍俊不禁，笑后又觉颇有意味。

在某次演讲大会中，第一位先生洋洋洒洒的大段演讲占据了大会一半的时间。台下的听众开始时还饶有趣味，到第一位先生下台时，有大半的听众早已昏昏欲睡。

这时，第二位先生款款地走上台来，听着台下那出于礼貌性的、稀稀拉拉的掌声，他突然将演讲稿扔进垃圾桶，并清了清嗓子，说道：“我认为，好的演讲就应该像美女的裙子，越短越好！”此言一出，听众精神一振，掌声立即响遍了整个礼堂。然而，这位先生并没有“兑现承诺”，他将美女的裙子再次拉长。但与前一位不同的是，他的演讲风趣生动，内容始终紧紧围绕在座听众关心的话题；并且，他还专门用了大段时间来阐述“为什么演讲一定要简短”这一问题。在他妙语连珠的演说下，听众聚精会神，掌声、笑声不断，一个小时很快就过去了。

当这位先生下台时，听众才猛然发觉，自己在不知不觉中“上了当”。然而，演讲者这样“言行不一、自我矛盾”的行为却让大家又会心一笑，感到了一种别样的风味。

俗话说，出其不意方能一招制敌。很多时候，大段的“演讲”，大汗淋漓的“上蹿下跳”，其“笑果”远不如冷不丁地一句妙语。因为，对于突如其来的“变数”，人们往往是措手不及且毫无还击之力的。只要抓住时机、用好妙言，你便能轻轻松松地让大家在瞬间“臣服”于你的幽默。

那么，在展现幽默时，有哪些方法可以助你达到攻其不备的效果呢？

1.先铺垫，再“下手”

当对话自然、流畅地进行时，话风陡变，以一个大相径庭的方向结尾，能带来令人瞠目结舌而又幽默十足的效果。而这种效果，离不开前面对话时所做的铺垫。一个好的铺垫，往往能带来强烈的对比，使幽默的效果更加显著。例如，一位老太太拿着一本旧的作业本来到某位政客面前，让他评判作业本的主人。政客傲慢地说：“这么潦草的字迹，这么破的作业本，这孩子又懒又不听话，不会有什么出息的。”老太太冷笑道：“这是你小时候的杰作。”

2.先“荒唐”，再解释

这是一种转折表达法。先向他人讲述一个听来匪夷所思、荒诞不经的结果或观点，当对方感觉莫名其妙时，再给出合理而巧妙的解释。例如，一人听说股市暴跌，忙去问他的朋友最近心情如何。朋友说自己每天睡得像婴儿。那人正惊叹朋友心态好时，朋友解释道：“经常是睡着睡着就哭醒了。”这样，既表达了自己遭遇股市重挫的心情，又不失时机地幽默了一把。

3.先承诺，再“变卦”

当语言和接下来的行动很不一致，形成一定的反差时，有时会带来“冷幽默”的效果，令他人在反应过来时哑然失笑，却又为这种趣味所动容。前文故事中的第二位演讲者，就是利用这种方式给自己的演讲制造了演讲内容本身之外的又一重幽默。

第 05 章

悉心倾听，抓住他人话语间隐含的深意

◎ 倾听的艺术让人受益良多

◎ 倾听的同时要仔细观察

◎ 悉心倾听是高效沟通的前提

◎ 兼听则明，切忌仅凭一家之言主观臆断

◎ 博采众长，筛选重点为我所用

◎ 倾听过程中的必要回应显示对他人的尊重

倾听的艺术让人受益良多

在西方有一句谚语：倾听是最高的恭维。英国学者约翰阿尔代说：对于真正的交流大师来说，倾听和讲话是相互关联的，就像一块布的经线和纬线一样。当他倾听时，他是站在他同伴的心灵的入口；而当他讲话时，他则邀请他的听众站在通往他自己思想的入口。生活中，我们经常会遇到这样的事情：当一个遭遇烦恼的朋友找自己倾诉时，我们只需要认真听他讲话，当他讲完了，心情就会平静很多，甚至不需要我们做任何事情来帮助其恢复平静。

一次，乔·吉拉德拜访了一个有趣的客户，一开始，客户就喋喋不休地谈论自己的儿子，他十分自豪地说："我的儿子要当医生了。"乔·吉拉德惊叹道："是吗？那太棒了！"客户继续说："我的儿子很聪明吧，在他还是婴儿的时候，我就发现他相当聪明。"乔·吉拉德点点头，回应道："我想，他的成绩非常不错。"客户回答说："当然，他是他们班上最棒的。"乔·吉拉德笑了，问道："那他高中毕业打算干什么呢？"客户回答：

“他在密歇根大学学医，这孩子，我最喜欢他了……”话匣子一打开，客户就聊起了儿子在小时候、中学、大学的趣事。

第二天，当乔·吉拉德再次打电话给那位客户时，却被告知他已经决定在自己手中买车，而客户的原因很简单，他说：“当我提起我的儿子吉米有多令我骄傲的时候，他是多么认真地在听。”

或许，有人误认为多说话才能把握沟通的主动权，其实，多说话会给我们带来很多负面的影响。如说得多了，有可能会使他人对你产生戒心，认为你有某种企图；说得太多了，他人会对你敬而远之，因为他没有义务当你的倾诉桶；况且，说得多了，难免会出错；有时候，说得太多，暴露的信息也多，就会被别人看穿。

1.倾听会让你受益

布里德奇说：“学会了如何倾听，你甚至能从谈吐笨拙的人那里得到收益。”倾听并不是没有任何意义的随声附和，一个优秀的倾听者可以从说话者那里获取大量的信息，赢得对方的喜欢，达到打动人心的目的。

2.掌握倾听的技巧

倾听是有技巧的，除了听之外，需要适时地重复对方话语中的关键字眼。当然，倾听比说话更需要毅力和耐心，假如你只是埋头玩自己的手机，或者把头瞥向一边，这样无疑会打击说话者的积极性。

3.倾听是沟通的前提

倾听是沟通的前提，先听懂别人的意思，再表达出自己的想法和观点，才能更有效地沟通。同时，听懂了别人的意思，我们才有机会掌握沟通的主动权，如此，才更容易打动人心，达到办事成功的目的。

卡耐基说："对和你谈话的那个人来说，他的需要和他自己的事业永远比你的事重要得多。"所以，做一个懂得倾听的人，并将这样的美德沿袭在自己身上，你会赢得比别人更多的机会，获取更多的信息，把握沟通的主动权，能够更加有效地打动人心。

倾听的同时要仔细观察

现代心理学的研究证明：一个人不经意间表现出来的小动作能够反映出他的真实性情，或者对别人所保持的态度以及意见。例如，在日常交流中，对方看起来很认真地在听，但是，在桌子的下面，他的手指却在不停地反复敲击着。这样的小动作表示这个人实际上与他的表面是相反的，他一点儿也没有将心思放在倾听上，心不知道飞到哪里去了。因此，在生活中，如果我们能仔细观察他人的小动作，那么我们就可以看出其真实的性情。

小白是一个话很多的人，经常逮着机会就与同事大侃起来，也不管对方愿不愿意听。对此，坐在他旁边的小李可就遭殃了，每次小白都会转过身来，兴致勃勃地说些自己碰到的趣事，小李虽说表面不好拒绝，但他总是不安地用笔杆敲打桌面，以此表达自己的意思。小白却是一个马大哈，他不明白小李为什么喜欢敲桌子，不过，他没有多想，还是自顾自地说话。

有一次，小白碰到了学心理学的朋友。在聊小动作的时候，小白突然想到了小李，他问道：“当一个人总是用笔杆敲打桌面的时候，他心里在想些什么呢？”朋友回答说：“这样的小动作大多表示他对你所讲的话已经感到厌烦了。”“啊？”小白恍然大悟，后来，在办公室里，他收敛了自己的个性，不再经常缠着小李说话了。

小白通过向自己学心理学的朋友询问，发现同事的小动作是想告诉自己：我对你所讲的话并不感兴趣。在我们身边，每个人都有那么几个常见的小动作，我们可以通过观察对方的一些小动作来发现他们对自己的意见。另外，一些心理实验表明，如果你与一个你很讨厌的人在一起，只会出现两种相对的反应：一是太随便，根本不在乎对方的想法；二是太拘谨，看起来无所适从，甚至不知道该把手放在哪里。

每个人都有心情不好的时候，特别是这种情绪是别人的原因造成的，会表现得更突出，显得烦躁不安。这些情绪除了通过面部表情及口头语言表现出来以外，还会通过一些小动作显现出来。下面我们就介绍几种人们常见的小动作。

1.喜欢用嘴咬住一些物品的人

有时候，我们经常会发现有的人喜欢用嘴咬眼镜腿、铅笔或者其他一些物品。这一类型的人喜欢我行我素，不喜欢受人管制。他们做出这样的动作，是想掩饰自己恶劣的情绪，不想让别人知道。在这种情况下，你千万不要上前搭话，以免加重其恶劣的情绪。但有时候，这样的小动作也无法克制他内心的不满情绪，还有可能会进一步恶化，甚至在突然之间爆发出来。

2.习惯用手拢头发的人

有的人喜欢用指尖拢头发、轻搔面部，或是把食指放在嘴唇上。这一类型的人性格比较开朗、乐观，虽然在面对生活或工作中的困难时也会出现失望、沮丧的心情，但是他们能在最短时间内调整好自己的心态，坦然面对一切，并致力于寻找解决问题的办法。

如果有人在你面前做出这样的小动作，那就表明他对你的谈话没有多大的兴趣，显得有点儿左顾右盼，漫不经心。他们或许正在思考自己的问题，并且认为你是在打扰他，但他们会碍于情面而不表露出来。

3.习惯两手互相摩擦的人

有的人习惯两手不停地摩擦。这一类型的人对自己充满了信心，喜欢挑战自我，并且在成功的路上敢于承担一定的风险。一旦他们决定去做某件事情的时候，就会一直坚持下去，而不会轻易改变主意和行动方向，所以他们在某些时候显得比较固执，而通常出现这种情况的时候，就是他们烦躁不安、心情郁闷的时候。

4.习惯用手抚摸下巴的人

有的人习惯于用手抚摸下巴或者抓着下巴。做出这种小动作的人大多比较世故圆滑，有较深的城府。他们这样不断地抚摸下巴只是想使自己镇静下来，克制自己内心的不满情绪，以免自己在冲动之下做出什么不好的举动，同时，他们也在思考下一步的对策。

在日常沟通中，我们会发现，几乎每个人都有其特别的小动作，而这些不经意表现出来的小动作恰好能直接反映其真实性情。实际上，每一个人的小动作都隐藏着其内心的真实想法。在很多时候，一个人的肢体语言和他们内心想要说的话并不一样，这就是所谓的小动作了。

悉心倾听是高效沟通的前提

沟通是双方通过语言或非语言来交流思想感情的过程，因此，在沟通过程中，我们不仅需要说话，也需要适当的倾听。是否能够通过语言来影响其心理，就决定于你是否悉心倾听了。良好的倾听会为你捕捉到许多有效的信息，而这些信息将决定你是否能够成功地掌握他人心理。说话是一个传递信息的过程，把话说到位，不仅关系到是否能准确表达自己的思想，而且还在于自己的思想是否能被对方接受并产生共鸣。

在沟通过程中，我们需要积极地倾听，让对方尽可能地传递出更多有效的信息，以听出对方的兴趣点，这样我们才有机会把话说到对方心坎儿上，从而影响其心理，最终赢得对方的信任。

1.表示理解

有时候，即使我们不能认同对方的做法，也需要表示出理解，“您说的很有道理，我非常理解您”“谢谢您，如果我站在您的位置，也会有与您一样的想法”。对对方的话表示理解，把话说到对方心坎儿上，他会不自觉地受你影响。

2.维护对方的自尊心

美国著名的哲学家詹姆斯曾经说过：“人类天性的至深本质就是渴求为人所重视。”当对方的表述有些偏颇的时候，我们需要维护对方的自尊心，尽量以委婉的表达方式传递这样的信息“您说的非常有道理，但我相信，每个企业，毕竟都有它存在的理由。”

3.具体而新颖的赞美

每个人都渴望别人的赞美与认同，当我们察觉出对方有这方面的心理需求的时候，需要给予具体而新颖的赞美之词，如“您的声音真的非常好听”“听您说话，我就知道您是这方面的专家”“跟您谈话我觉得自己增长了不少见识，谢谢您了”。这些恰到好处的赞美会触动对方内心，继而赢得对方的信任，最终达到影响对方心理的目的。

换句话说，把话说好，关键在于把话说到对方心坎儿上，以此影响其心理。那么，如何把话说到对方心坎儿上呢？这就需要我们善于通过聆听来洞悉对方的心理需求，再利用语言将自己的思想传递给对方，满足其心理需求，以达到影响他人心理的目的。

兼听则明，切忌仅凭一家之言主观臆断

小汪想给自己买一台电脑。但他对电脑一窍不通。为此，他特意叫了自己的好朋友小华一起前往。小华是专业搞设计的，所以对电脑要求非常得高。在他的建议和参谋下，小汪买了内存为8G的设计师专用电脑。

可是，买了之后，小汪就有些后悔了。因为他买电脑并不是搞专业设计，不需要大内存。大内存对于他来说没有任何作用。而由于他在做销售，需要经常出门，台式机根本用不上。电脑买了之后，一直在家当供品，没有起到一点儿作用。

为此，小汪非常后悔。他觉得当时要是再咨询几个朋友的话，或许不会犯这样的错误。

每一个人站的角度不同，所持有的观点和看法也不相同，可能从你的立场和角度上看是正确的，是最好的。但从别人的角度

上看有可能是最糟糕的。所以，在你倾听别人意见的时候，最好多找几个人，多听听从不同角度、不同立场出发的各种想法和看法。然后综合利弊，再做决定。这样一来，你做的决定会比较理性化。如果仅仅听一个人的建议，那么可能最后的决定对他来说是好的，但是对你来说并不是最好的。在倾听不同人的意见时，要注意哪些方面呢？

1.态度一定要谦逊

在向别人征求意见的时候，态度一定要谦逊。要摆正自己的位置，明白这时候你是在请求别人。别人说的对还是错，好还是不好，都要认真地听。对于对的看法和想法要及时地吸收，好的建议和意见要及时地采纳。即使别人给的建议对于你来说没有多少实际的意义，也要真诚地表示感谢。毕竟对方给你建议就是尊重了你的请求。千万不要因为对方没有帮助到你而心生怨气，更不要因为对方说话不好听而打击和抱负。说不定对方所提的建议和意见正是你需要的呢。

2.综合利弊做决定

别人给予了你建议和意见，究竟该怎么抉择还是要你自己拿主意。没有人的意见是十全十美的。有些人的意见可能是利大于弊，而有些人的意见可能是弊大于利。甚至有时候，站的角度不同，利弊还会相互转化，这就需要你综合利弊做决定。例如，上大学到底是去大城市好，还是在小城市好呢？大城市高消费，但是将来找工作的机遇大；小城市消费低，而且更加现实。如果你想要实现宏图大业，那么去大城市利大于弊，在小地方弊大于利；如果你更加趋向于过安稳的生活，那么大城市弊大于利，小城市利大于弊。所以，要明确自己的真实需求，然后做综合的利弊考虑。

3.多听听不同的意见

人有趋众的心理，当某一个意见支持的人稍微一多，为了避免自己被孤立，就会放弃自己的观点，附和别人。所以，在倾听别人意见的时候，要多留意那些发表不同意见的人。多听听他们的声音，多考虑一下他们的建议。他们之所以有不同的想法，是因为其站在独特的角度上看问题，或许这些角度正是大多数人所忽略的。尽管他们的见解可能不是最好的，但是却能帮助你在抉择的时候考虑得更加全面。

博采众长，筛选重点为我所用

小宁是销售铝材的业务员，他一开始接触业务的时候什么也不会，常常被客户骂得狗血喷头。但是小宁做事非常认真，公司的业务会议从来没有缺席过。事实上，他也学到了不少的东西。

在一次业务会议上，销售经理给他们讲解如何通过秘书联系老总。这对小宁来说非常重要，因为他在做销售的过程中，常被秘书卡得死死的，根本找不到具体的负责人。经理讲解的很多要点，他都认认真真地记在了本子上。同时，他还记下了同事们的一些经验。

通过一个阶段的学习，小宁在业务上取得了巨大的进步。他不但能成功地通过秘书关，而且能在关键时候找到负责人，拿下单子。

每个人都有自己的一套独特的方式方法，或许这些方式方法并不全部适合于你。但是，你可以从中汲取各种观点中的闪光点，把别人的优点集中起来，取其精华，去其糟粕，让这些优点和重点为你所用。当然在倾听别人陈述的时候，一定要认真分析，弄明白对方的真正意思，让对方的闪光点凸显出来。那么，在博采众长的时候，要注意哪些问题呢？

1.扩大意见采集的群体

在采取别人意见闪光点的时候，有一个前提，那就是一定要有足够的提供看法和想法的群体。如果这个群体只是一个人，或者是两个人，那就谈不上什么博采众长。所以，在做决定的时候，不妨多听听家人、朋友，亲戚和同学的意见。从这众多的意见中，经过挑选和汲取，选择最适合自己走的一条路。在顾及各方面的得失之后，做最后的评估。所以，足够量的意见来源是做出良策的前提和保证。

2.仔细聆听，抓住重点

别人提供了建议和意见，对于我们来说，就是提供了宝贵的经验，但有些意见可能听起来滑稽可笑，实用性并不强，这就需要你能透过现象看本质，将对方的真正意图挖掘出来。在倾听的时候，要认真考虑每一个人的意见，不要因为对方是你的舅舅，你就认真聆听；对方是你的弟弟，你就不屑一顾。事实上，那些身边看起来无足轻重的小人物，可能会给你真正的帮助。

3.强调理论和实践相结合

在采集了众人意见的闪光点之后，还要注意将这些想法和看法应用到实际当中。因为每个人的情况不一样，所提的建议和意见都有局限性。把这些有局限性的意见集合起来应用，也有很大的弊病，或许并不适合你。例如，在结婚这个问题上，有的人会建议你多考虑感情，有的人会建议你多考虑身世，还有的人会建议你考虑金钱等。那么你如果把三个人的意见综合起来，就是既要考虑感情，又要考虑身世，还要考虑金钱，这样的人现实生活中可能并不多。所以，在广集了众人的意见之后，还要考虑采取的建议是否成立。如果不成立，就会失去实用性。

倾听过程中的必要回应显示对他人的尊重

当你激情澎湃地演讲时，当你痛不欲生地发泄时，当你饱含深情地告白时，当你慷慨悲愤地倾诉时，你的沟通对象却从头至尾面无表情、沉默木然，即便他真的一直全身心投入地倾听着你所有的话语，试问，你会相信他在倾听吗？你有耐心与他继续交谈下去吗？你有勇气与这样的听众再次交流吗？因此，我们可以说，学会倾听很重要，但学会回应更重要。

这天傍晚，小云刚回到家中就把自己关进屋里大哭了一场，直到深夜才肿着眼睛走出房间。

父母都担心地不敢睡觉，一直等着小云。见她出来了，妈妈忙着去给她热饭，爸爸则给她泡了一杯热茶，与她促膝长谈起来。

“乖女儿，什么事这么伤心？在单位里被人欺负了？别怕，告诉爸爸，爸爸给你撑腰。”

“没有人欺负我，是我自己犯了错误，理应受到批评。可是，主任批评了我一会儿，就说我完全没有认识到自己错误的意识，让我好好反省反省。我真委屈。我知道自己犯错了，也很认真、很虚心地接受了主任的批评，他怎么还说我态度有问题呢？”

“你和主任争辩了？”

“爸爸，你知道，我从来不和人争论。”

“你从头到尾说话了没有？”

“没有，一句话都没说。”

“你低着头不理主任？”

“没有，我一直抬头看着他。”

“一直抬头看着他？只是看着他？没有其他表示？”

“没有。从小老师就教我们，跟别人说话时看着别人的眼睛是一种尊重，所以我的眼睛一直盯着他的眼睛。”

“傻孩子，你这不仅是生搬硬套，而且一点儿交际常识都没有啊！孩子，和人说话时看着别人的眼睛表示尊重，这没错，但是也要分具体的情况。一个认识到自己错误并且正在接受批评的人，应该是羞愧的，不自然的，这种心态的人，还会盯着对方的眼睛一直看吗？即便没有犯错，一直盯着对方的眼睛看，对方也会感觉心里发毛，让人觉得你要么是想从他眼神中窥探出什么，要么就是在逼视他，和他较劲。”

“一个眼神，居然有这么多学问？”

“那当然。还有，别人跟你说话，你愿意倾听是好事，但不能只听不说，尤其是在这种需要你表态的情景中，哪怕你只是轻轻地垂下脑袋，咬咬嘴唇，都能让主任知道，你有些懊恼了，你知错了。抛开这一次，如果每次别人和你讲话，你都只是瞪着眼睛盯着对方，别人说什么你都无动于衷，那么别人还有什么兴趣和你继续聊下去呢？孩子，关于这一方面，你真的要好好修炼一下了。来，拿出纸笔来，老爸给你推荐几本书……”

懂得倾听，是一种品质，是社会生活中必不可少的通行证；学会回应，是一种智慧，是人际交往中助你升华的垫脚石。在倾听中，以你们的冰雪聪明，去体察倾诉者的内心吧；在得体的回应中，来展现你们的蕙质兰心吧。

那么，在倾听他人讲话时，可以用哪些方式回应对方，来表明你的专注呢？

1.适当借助肢体语言

研究表明，肢体语言在信息的传递量中占有高达55%的比例，因此我们在倾听的过程中，可以适当借助肢体语言，向对方做出回应，表明你此时专注的状态。例如，赞同对方的观点时，可以轻轻点头；听到有趣的事时，回报笑容；感受到对方哀伤的情绪时，微锁双眉；当对方讲到精彩之处时，我们不妨将上身略微探向对方，表明自己对于谈话内容很感兴趣等。这些肢体语言，能够让人不置一词，而直抒胸臆。

2.适度重复对方的话

例如，偶尔打断对方，问他，“您是说……”“您刚才的话，我可不可以理解为……”这样的重复和发问，能够让对方感受到你对他的话十分重视，想要将他的每一句话都充分理解。当然，这种回应方式不能频繁使用，否则对方会怀疑你的专注度甚至理解能力，从而对这次沟通大为扫兴。

3.适时表达你的意见

你的意见，可以是赞同的，也可以是反对的，并不需要一味地迎合对方。你赞同他的观点，他自然兴高采烈，谈兴更浓，彼此间更添惺惺相惜之感。你提出自己的观点，也说明你在认真倾听并思考了他的讲话，你脑中的思想之炉在他的感染下燃起了火苗；即便你们的观点完全相悖，也不过是双方在良好的交谈氛围中探讨、交换意见，略做讨论，无伤大雅，且能从更多的角度彼此熟悉、深入了解。当然，既然是倾听，那么重点仍旧是在听，而不是说。你的表达是一种回应，而不是为了表现。

第 06 章

言语进退得宜，在人际交流中才能左右逢源

◎ 以退为进的言辞更易赢得他人认同

◎ 学会将错就错，尽量避免言语伤害

◎ 必要时转移话题，减少直接的矛盾冲突

◎ 有异议时巧妙反驳，不伤双方和气

◎ 柔和的言谈比强硬的举动更有力量

◎ 不要把话说得太满，相互间留有余地

以退为进的言辞更易赢得他人认同

在生活中，我们发现，那些言语谦虚诚恳的人很容易获得他人的认同，而那些言辞激烈的人却难以获得他人的肯定，这是为什么呢？那些说话嚣张、不懂礼貌的人，往往给人一种骄傲的感觉，于是，人们在心理上就对其有了距离感，更别说要认同这个人了。在日常交际中，如果我们想获得他人的认同，那么不宜表现得太嚣张，应适时懂得退步，以谦虚诚恳的言辞赢得对方的认同，达到打动人心的目的。

其实，前者所使用的就是“以退为进”，表现得格外谦虚诚恳，以此来打动对方，对方自然能够认同自己，而后者太急于表现自己，反倒惹人厌。通常情况下，人们对于那些言辞谦虚诚恳的人总是怀有一种莫名的好感，会觉得其人品值得信赖，在交往过程中就会对其产生好感，并且认同对方。

那么，我们需要在哪些方面做到“以退为进”呢？

1.谦逊的态度

大多数人都希望自己能得到他人的尊重，而你的谦逊将是对他人最大的尊重，即使你很有能力，但在他人面前也应该表现得谦逊一点儿，这样才能够很好地打动他人，获得他人的认同。

2.礼貌性的语言

在交谈中，我们要使用礼貌性的语言，例如，问候语“您好”，告别语“再见”，致谢语“谢谢”，致歉语“对不起”，回敬语“没关系”“不要紧”“不碍事”，等等。

另外，养成使用敬语、谦词、雅语的习惯。常用的敬语有“请”，第二人称“您”，代词“阁下”“尊夫人”等；谦语是向人表示谦恭和自谦的一种语言，如称自己为“愚”“家父”等；雅语是指一些比较文雅的语言，如你端茶招待客人，应该说“请用茶”。

其实，无论是求人办事还是普通的交谈，我们都需要以谦虚诚恳的言辞来进行交谈，以退为进，赢得他人的认同。

学会将错就错，尽量避免言语伤害

王聪是电脑公司的设计人员。这天，老板让他做一个广告牌匾。王聪非常自信，一个下午就做好了。老板也没有细看，随即让技术人员给做了出来。

送到客户手里后不久，客户就打来电话，态度非常恶劣。原来王聪在电脑制图的时候，竟然把客户公司的名称“玉龙”做成了“龙玉”。面对客户和老板的严厉指责。王聪没有狡辩，他给对方道歉说："真是抱歉，是我的疏忽，要不这样吧，我重新赶着做。花去的费用从我的工资里面扣，行吗？"

客户不再吱声了，老板也没有再说什么。王聪认认真真地又把设计图做了一遍。检查无误后麻烦技术人员重新做了一遍。那天的失误花去了王聪工资的1/3。好在王聪将错就错，及时提出了补救的措施，否则指不定还要受多少指责和谩骂呢。

一般情况下，当你的失误给别人带来伤害的时候，都会遭到对方的指责和谩骂。这时候如果过多地辩解，无疑是火上浇油，让对方更加生气，从而更加激烈地攻击你。为了避免这种攻击的扩大化，不妨将错就错，态度诚恳地承认自己的错误。既然你承认了自己的错误，那么对方再过分地难为你，就显得不通情理了。所以将错就错，是利用示弱来平息对方的怒火，从而达到避免别人语言伤害的目的。那么，在生活中到底该如何利用将错就错的办法避免语言伤害呢？

1.态度要谦逊

当别人对你进行语言伤害的时候，态度一定要谦逊一些。通常人的心理是遇强则强，尤其是在生气、攻击别人的时候。你的谦逊态度往往会让对方有气没处撒，即使想要在你的身上发泄，也会受良心的谴责而不得不放弃。如果你一味地坚持自己的观点和态度不肯认错，无疑会挑起对方心中的怒火，你越狡辩，对方越生气，对你的伤害也会越大。这时候，对方给自己的指责和为难找到了理由，再过分的伤害也会觉得自己是合情合理的。谁让你做错事还死不悔改呢？所以，面对对方的指责和为难，态度一定要谦和一些，即使是别人误会了你，也不要和对方争辩，要和颜悦色地解释清楚，不要和对方比脾气。如果对方胡搅蛮缠，不妨服软，给他个台阶下。在不涉及原则是非的问题上，承认自己的无知未尝不是好事，即便你是对的。

2.提出补救措施

对方之所以攻击你，是因为你的失误给别人带来了伤害。所以，要想让对方彻底闭嘴，除了态度谦逊一些之外，还要切切实实地解决问题。所以，及时地提出补救措施无疑是重中之重。当然提出的补救措施一定要解决问题，让对方心服口服，而且要比原先的效果还好。例如，故事中的王聪，因为自己的错误对客户造成了伤害，好在他及时提出了补救的措施，才使对方停住了对他及公司的指责和污蔑。所以，提出补救措施，让对方感到心理平衡，因为你已经在想办法帮他解决问题了。对方自然不好意思再过度地埋怨你了。所以，当别人因为你的失误而埋怨和指责你的时候，最好的办法就是提出相应的补救措施，堵住对方的嘴。

3.勇于承担责任

既然是自己的失误，那么就要勇于承担一切责任。这在一定程度上让对方觉得心理平衡，因为你让别人觉得你是个负责人的人。对方不会再担心你给他带来二次伤害。所以，当对方指责你的时候，要用实际的行动勇于承担责任，把给对方带来的伤害减到最小，同时把对方对自己的语言伤害也减到最小。故事中的王聪，主动承担了采取补救措施所带来的损失，堵住了客户的嘴，也堵住了老板的嘴。毕竟是个人的失误，总不能让别人再替你受过吧。倘若王聪当时不承担这个责任，那么客户势必不肯罢休，羞辱和谩骂自然少不了。老板肯定也不肯蒙受损失，自然也会对王聪进行语言攻击。那么对于王聪来说，不但要承受过多的语言伤害，而且最终还得自己负责，得不偿失。

必要时转移话题，减少直接的矛盾冲突

宏宇是一个大型工厂的工人，一次，下班后工友们都走光了，他推着自行车往大门口走，由于从厂房到大门口有一段距离。按照厂方的规定，工厂内禁止骑车。当时宏宇看了一下四周，没有保安，随即一脚蹬上了自行车，向大门驶去。谁知就在这个时候，负责在工厂执勤的保安不知道从哪里钻了出来，一下子拽住了宏宇的自行车，拉着他去接受罚款。

宏宇一下子愣在那里，不知如何是好。幸亏他脑子机灵，在和保安的争执中，他听出了保安的口音，于是对保安说：“听你的口音，好像不是本地人嘛？”

保安回答说：“不是的，我是四川雅安的。”

宏宇笑着说：“真的啊，我女朋友也是四川雅安的。跟你说话挺像的，我说怎么听着这么耳熟啊。”

保安："是吗？那真是太巧了，能在这么远的地方碰到老乡。"

宏宇："是啊，太不容易了，那改天聚聚吧。"

保安："那真是太好了。那你赶紧回去吧，回去晚了，老乡会担心的。"

事实上，宏宇并没有一个四川雅安的女朋友。自然之后也不可能和保安叙老乡之情了。

一般情况下，当有人因为一个问题和你起争执、为难你的时候，内心深处对你的攻击力度很强，对你的意见和做法很反感，但并不是对你这个人很反感。这时候不妨转移话题，转移对方的注意力。话题转移了，矛盾自然就暂时放下了，那么对方也没有必要继续攻击你了。这样一来不但降低了别人对你的语言伤害，还可能因此而化干戈为玉帛。那么在利用转移话题的办法来降低语言伤害的时候，有哪些方面需要注意呢？

1.寻找彼此的共同点

别人之所以为难你，攻击你，是因为在某些问题上，双方意见和做法不一样，甚至可以说是针锋相对的。为了分出个所以然来，势必要较量一番。事实上，孰对孰错，谁是谁非并没有想象得那么重要。再加上在谈及某些问题的时候情绪激动，说出很多让你尴尬和难堪的话也在情理当中。所以，这时候，尽快找到彼此的共同点，把话题由相异转向相同，这样不但转移了对方的激动情绪，而且还会将自己在对方心目中的定位由敌人变成朋友。例如，故事中的宏宇，在遭遇对方为难的时候，找出了和对方是老乡的女朋友来。尽管这个女朋友是瞎编的，但是却迅速化解了他和保安之间的对立情绪，避免了很大的麻烦。所以，寻找双方的共同点是迅速转移话题的好办法。如果实在找不到，那么不妨虚拟一个。当然这仅适应于陌生人为难你的时候，熟人之间当然不行了。

2.要及时地赞美和恭维

没有人不喜欢别人赞美自己，恭维自己，即使是在双方有强烈的对抗情绪之下。所以，当别人在言语上为难你的时候，不妨赞美和恭维一下。每个人的注意力都在自己身上，当对方指责你的时候，你赞美一下，对方的注意力会迅速转移到自己的身上，并且转移到你所关注的话题上。这样一来，别人对你的攻击和伤害自然就不存在了。例如，别人指责你打扫卫生不彻底的时候，你说“你的衣服真漂亮”，或者说“你今天神清气爽，遇到什么高兴的事情了”。这时候，就算是再对你有意见，也会两眼放光，面带微笑和你交谈。即使有些人抹不开面子，心里也会甜滋滋的。所以，在面对别人的指责和为难的时候，要学会用赞美和恭维来转移话题，缓和彼此的情绪以及赢得对方的好感。

3.对对方发生浓厚的兴趣

任何人都一样，希望得到周围更多人的认可和肯定。所以，希望别人对自己感兴趣，对自己的生活感兴趣，并对自己的所作所为给予肯定。但是，因为一些想法和做法的不同，当别人为难你的时候，要多关注一下对方的生活，将话题引向对方。因为有差异，所以有对抗的情绪。当话题转移到对方身上的时候，没有了分歧，自然就没有了对抗。当你对别人产生兴趣的时候，别人也会对你产生兴趣。例如，当有人说你不应该在上班的时候接电话时，你不妨关注一下对方的失眠好些了没有，睡眠质量怎么样。别人给予你的是责备，你回报的是关心。这样一来，即使再对你有意见的人也不好意思再为难你了。

有异议时巧妙反驳，不伤双方和气

人与人交往时，常常会有意见不合之时，有的人伶牙俐齿、出言不逊、暗藏讥讽，不善言辞的人因此在面对对方的诡辩和圈套时，常常哑口无言，不知如何辩驳而令自己陷于尴尬的境地。但是不要忘记，诡辩虽然厉害，但是只要用心，通常都不难发现对方的破绽。聪明的人要善于抓住对方破绽，利用自己的机敏灵活巧妙地进行反驳，化被动为主动，抢占先机。

但是反驳要注意一个“度”，不能过于生硬，大吵大嚷，或者用过激的语言赤裸裸地进行谩骂，这样就会变成市井中的泼妇骂街，不仅有损自己的形象，更加难以令人信服。要使对方心服口服，就要以理服人，用巧妙的语言机智应对，或层层诱导，以谬制谬，令对方不攻自破；或步步紧逼，揭穿老底，令对方手足无措；或“以子之矛，攻子之盾”，令对方自乱阵脚；或旁征博引，列举事实，令对方哑口无言……总之，反驳要胜在“巧妙”

二字，否则即便胜了争论，也输了风度。

《晏子使楚》的故事家喻户晓，晏子反驳的技巧更令众人广为称颂。

晏子出使楚国，为了羞辱他，楚国人特地在城门旁开了一个小门，让身材矮小的晏子从小门进入。晏子正色说："只有出使狗国的人才从狗洞钻进。今天我出使的是楚国，难道不是要从大门进入吗？"楚国自然不愿承认自己是狗国，所以只好打开大门迎接他。

晏子拜见楚王时，楚王笑他说："你们齐国难道没有人了吗？派你这么个小矮子来做使臣？"晏子说："齐国的人多得数不清，但是齐国有个规定，往不同的国家派遣不同的使臣，贤明的人就派遣他出使贤明的国家，无能的人就派他出使无能的国家，我是最无能的人，所以就只好出使楚国了。"楚王听了哑口无言。

在宴请晏子的酒席上，两个公差绑着一个人来到楚王面前。楚王问："绑着的是什么人？犯了什么罪？"公差回答说："是齐国人，犯了偷窃罪。"楚王看着晏子问："难道齐国人这么喜欢偷窃吗？"晏子立刻回答道："听人说橘树生长在淮河以南的地方称为橘，生长在淮河以北的地方称为枳，它们不过是叶子相像而已，果实的味道却大为不同，其原因就在于水土条件不一样呀！如今此人在齐国时并不偷盗，一到了楚国反而就成了小偷，难道楚国的水土令人喜欢偷盗吗？"楚王无奈，叹息着笑道："圣人是不可以捉弄的，最后我反而自取其辱了。"

晏子矮小的身躯中，不仅蕴藏着惊人的勇气，更蕴藏着惊人的智慧。面对楚国的刁难和羞辱，晏子没有惊慌失措，更没有火冒三丈，而是用自己的沉着冷静、机智灵活巧妙地应对、反驳了对方的刁难和羞辱，不仅令对方搬起石头砸自己的脚，而且维护了本国的尊严，最后令楚王不得不叹服为“圣人”。这才是晏子最伟大、最令人敬服的一点。

但是，在现实生活中，很多时候并没有截然的对错之分，很多人都坚信自己的观点是正确的，很难被别人改变或者说服。若是对方并非刻意冒犯或者伤害你，那么在反驳时一定要注意用词得当，避免发生冲突。成功学家卡耐基曾经说过：“很多时候你在与别人争论时是赢不了的。要是输了，当然你就输了；如果赢了，你还是输了。”所以，在与对方辩论时，单凭声音大、气势强是没有用的，所有的争论十之八九最后都会令对方更加相信自己的观点，或者即便意识到自己的错误也绝对不会承认。所以，这时保全对方的面子是最为重要的，既表达了自己的立场、反驳了对方的观点，又不至于令对方太难堪，保全了双方的和气，这才是真正聪明人的高明之处。

柔和的言谈比强硬的举动更有力量

说“软”话，即在实际过程中出现错误时，或为避免关系僵化而说出主动认错或忍让对方的话。说软话的作用在于赢得对方的同情、理解、宽容、原谅，以达到解释、说服、沟通、转化矛盾、反败为胜的目的。

苏联教育家苏霍姆林斯基说：“有时宽容引起的道德震动比惩罚更强烈。”这说明，以宽容为特点的忍让式说法有强大的征服力。常言说“好汉不吃眼前亏”，任何人都不可能一帆风顺，在交际中遇到挫折时要能屈能伸，一语不中时要退而求其次。如何做到出神入化，其中大有学问。

和声细气，这种声和气宛如柔和的月光与涓涓的细流，由人的心底流出，轻松自然，和蔼亲切，不紧不慢，能给听者以舒适、安逸、细腻、亲密、友好、温馨的感觉。温和地说话的人，为人必定温柔、善良、善解人意。

一家瓷器店营业员王姐遇到了一位十分挑剔的客户，给他拿了好几套瓷器，挑了半个钟头还没选中。因客户太多，她先照应别的客户去了，这位客户以为王姐在冷落他，便把脸一沉，大声指责说：“喂，你这是什么态度，你眼睛没有看见我先来的吗？为什么扔下我不管？”他把钞票往柜台上一扔，命令道：“快给我结账，我还有急事！”这话真够刺耳难听的。然而，王姐没和他“一般见识”，她安排好其他客户，和颜悦色地对他说：“请你原谅，我们店生意忙，对你服务不周到，让你久等了，我服务态度不好，欢迎你多提宝贵意见。”王姐这几句真诚而谦逊的话一出口，那位客户的脸一下子就红了，转而难为情地说：“我说得不好听，也请你原谅。”

王姐以“和气”对“火气”，表面上“似水柔情”，实际上“力胜千钧”，产生了积极的效果。“有理不在声高”。话，并非说得有棱有角、咄咄逼人才有分量。像这种忍让式的说法，由于充满了对消费者的尊重、宽容和理解，本身就产生了一种感化力，从而引起对方的心理变化。“火气”遇上“和气”，就失掉发泄的对象，自然降温熄火。

当遇到有人无理取闹时，你不必过分冲动，更不要破口大骂，理智的态度和委婉的谈吐能帮你转危为安，战胜对手。当遭到有人无端撒气时，如果保持忍让态度，柔言相答，那么就会“灭火消气”，换来微笑。

不要把话说得太满，相互间留有余地

说话不留余地等于不留退路。因此，我们说话时，要留点儿容纳“意外”的空间，给自己留下转身的余地，精明的人都熟知此道。人际交往中的事常是复杂多变的，任何人都难以预料以后会发生什么事，过早地把话说满，不留余地，就可能出错。

单位领导就某项决策征求职员意见，聪明的人在发表意见的同时，都不会把话说得太满。在单位决策上发表自己看法的同时，别忘记加上一句，“这仅是我个人的想法，方案能否通过，看上级的最终决策”，这样可以留有余地了。

要知道，世事浮沉不定，难以预料。不把话说满，留有余地，才会有回旋的空间。就像两车之间保持安全距离，才可以随时调整自己。

人说话留有空间，便不会因为“意外”出现而下不了台，因而可以从容转身。所以，很多人在面对记者的询问时，都偏爱用这些字眼，如可能、尽量、或许、研究、考虑、评估、征询各方意见……这些都不是肯定的字眼。他们之所以如此，就是为了留一点儿空间好容纳“意外”；否则一下子把话说死了，结果事与愿违，那不是很难堪吗？

我们在工作中一定要注意，对上级交办的事应该接受，但不要说“保证没问题”，应代以“应该没问题，我全力以赴”之类的说法，这是给万一做不到所留的后路。而这样说事实上也无损你的诚意，反而更显出你的谨慎，别人也会因此更信赖你，即便事情没做好，也不会责怪你。

当别人有求于你时，对别人的请托可以答应，但不要“保证”，应以“我尽量”“我试试看”回答。用不确定的词句一般都可以降低人们的期望值，你若不能顺利地完成任务，人们因对你期望不高而能用谅解来代替不满，有时他们还会因此而看到你的努力，不会全部抹杀你的成绩；你若能出色地完成任务，他们会喜出望外，这种增值的喜悦会给你带来很多好处。

说话不留余地等于不留退路，要么成功，要么失败的简单逻辑已不适合复杂多变的社会，为此付出的代价有时是你无法承受的。与其和自己较劲儿，不如多用一些缓和语气之类的方式。因此凡事要留有余地，不要把话讲得太满，要收放自如，让自己立于不败之地，从而在适度和完美之间找到平衡。

第 07 章

熟练运用沟通技巧，发挥言语的魔力

◎ 自嘲是对他人进行训诫警示时的一种委婉方式

◎ 拒绝他人非分请求的几种方式

◎ 把“坏事”说好，在生活中传递正能量

◎ 先扬后抑，通过鼓励性的言语对他人提出批评

◎ 一针见血的表述才是解决问题的捷径

◎ 掌握沟通中反击的技巧，化被动为主动

自嘲是对他人进行训诫警示时的一种委婉方式

某老师广东口音，普通话不过关，在上课时常常将自己陷入尴尬的境地。

有一次上语文课，讲到某一问题要举例说明时，他把“我有四个比方”说成了“我有四个屁放”，学生们先是一愣，接着教室里像炸开了锅，学生们笑得一发不可收拾。一时间，老师也显得十分尴尬。

这时，老师灵机一动，索性停下了讲课，吟出一首打油诗自嘲：“四个屁放，大出洋相，各位同学，莫学我样，早日练好普通话，年轻潇洒又漂亮。”

老师的机智幽默立刻赢得了学生们的热烈掌声，学生们也在老师的自嘲中，认识到学好普通话的重要性。

自嘲可以赢得别人的好感，可以打破僵局，增加乐趣，还可以起到训诫警示的作用，使别人在笑声与好感之中吸取教训。当我们愤怒的时候，即使受到不公平的待遇或遭到令常人难以忍受的委屈，甚至是愤怒得想破口大骂时，不妨自嘲一下，在婉转化解窘境的同时，又可以带给别人警示，这也不失为一种良好的为人处世之道。有时候的含沙射影，也可以用在这种状况之下。

1.含沙射影

《晏子使楚》的故事大家应该都知道。楚王羞辱齐国多出偷窃的人，晏子含沙射影地指出齐国人在齐国都是品行端正的人，而一到楚国就偷窃是因为水土不服。有时候对方无理取闹，而自己又不可以恼羞成怒时，不妨学学晏子，告诉楚王，不是齐国多出偷窃的人，而是作为一国之君的你没有把楚国治理好。含沙射影，不是要我们去“暗箭伤人”，而是让我们在谈话的过程中，给羞辱我们的人以有力的回击。用含沙射影的手法，既可以警示别人，又可以解决自己的窘境，总比我们要大发雷霆的处理方式好得多。不过含沙射影式的手法，也需要我们有驾驭高超语言的能力，否则会起到反弹伤害自己的作用。

2.适当地刺一刺无理取闹的人

对于无理取闹的人，我们也可以适时给以自嘲式的反击。例如，有一群人在酒吧看中国队的比赛，其中一拨人预言中国队必胜，而另一拨人则预言中国队必输，最后对方吵了起来。这时候，只见一个人不紧不慢地站起来对两拨人说道：“我也是一个预言家，在中国，帮中国足球队算命的预言家多，但真正能踢球的人真的是少之又少。”两拨人听完立刻鸦雀无声。

对于无理取闹的人，我们可以适时地刺一刺他们，自嘲的手法，既显现不出我们有那种训导人的口吻，又可以使我们更好地解决问题。坦然地承认现实，讽刺对方，而又嘲笑自己，在粗鲁和蛮横的侵犯面前，保住了自己的尊严，同时又表现出一种豁然大度、宽容厚道的气魄，从而在精神上战胜对方。引人发笑和引人深思的成分不少，让人起敬的成分更多。

3.在自嘲中训诫警示

从小到大，我们都是听着老师和家长的训诫长大的，所以，对于别人的训诫，在很大程度上来说都是不愿意接受的。既然我们不愿意别人来训诫自己，那就不要去训诫别人，应该换一种方式来训诫警示。有一个脱光了头发的人去饭馆吃饭，一个服务生端来一碗汤，不小心洒在了他的头上。当时，他很恼怒，但他对服务员自嘲道："嗨，伙计，我的头上根本就不长头发的，不要再在我头上乱抹药。"一句话，说得服务员非常不好意思。

自嘲是一把双刃剑，剑柄就握在我们自己手里，用得好，就会给我们带来意想不到的好处；用不好，就有可能伤人伤己。在自我嘲笑的过程中不但能使自己认识到自身的不足，还能让别人对你刮目相看。能用最高境界的幽默——自嘲作为武器者，堪称人际交往场上的"无冕之王"，怎能不受人欢迎和尊敬呢？

拒绝他人非分请求的几种方式

在日常的人际交往中，热情地帮助别人、对别人的困难有求必应是应该的。但是一定要量力而行，如果遇到做不到的事情，就要学会拒绝。如果直截了当地说“不”，会使寻求帮助的人感到失望和尴尬，一个合乎对方期望的回答，即使是拒绝，也能让对方很容易接受。拒绝他人的非分请求，一般有下列方式。

1.物理法

所谓物理法，就是以“物理条件无法更改”作为挡箭牌，来拒绝对方的要求。一般作为物理理由的是空间和时间的界限，因为这两者都具有难以为人所左右的特性。所以，当你以物理限界为由拒绝时，请求者是束手无策的。

例如，有个衣冠不整的人来到某个大饭店投宿，柜台人员打量他的穿着后，如果说：“本店不收留可疑人物。”很可能会引发一场纠纷。但如果说：“真抱歉，本店已客满，欢迎下次再光临。”就不会遇到什么麻烦了。

2.模糊法

所谓模糊法，就是用模糊语言来拒绝他人的请求，这种方法看似对请求者有了交代，但实质上信息为零，效果也为零。

3.推诿法

所谓推诿法，就是以别人的身份表示拒绝。这种方法看似推卸责任，但却很容易被人理解：既然爱莫能助，也就不便勉强。

小虹是个集邮爱好者，她的几个好朋友也是集邮迷。一天，有个好朋友向她提出换邮票的请求，她不同意，但又怕朋友不高兴，便对朋友说：“我也非常喜欢你的邮票，但我妈不同意我换。”其实她妈妈从没干涉过她换邮票的事，她只不过是以此为借口，但好朋友听她这样一说，也就作罢了。

4.搪塞法

搪塞法，顾名思义，就是用一些没有多少价值的东西去敷衍。

避开实质性的问题，故意用模棱两可的语言做出具有弹性的回答，既无懈可击，又达到了在主专问题上拒绝做出答复的目的。

对于不合理的请求，理所当然应该拒绝，但为了不伤和气，就要婉转地拒绝，要尽量把否定意向的表达降到最低，让对方心领神会。我们在拒绝别人时，应当注意不要损害他人的自尊。如果拒绝别人的要求，让他们丢了面子，那么他们心中产生的不满情绪是在所难免的。

把“坏事”说好，在生活中传递正能量

一个真正的讲话高手，不但能够恰到好处地表情达意，而且还能够把“坏事”说好。当然，这里所谓地把“坏事”说好，并非指的是改变事情的本质。毕竟，很多事情一旦发生，根本就没有回旋的余地，作为当事人或者是相关的人，唯一能做的就是接受事实，勇敢面对。不过，作为事情的传达者，为了避免发生次生灾害，把“坏事”说好还是很有必要的。例如，面对一个身体虚弱的老人，假如你带来的是关于其孩子的坏消息，如何说才能

让老人平稳地接受、不至于引起身体上的巨大不适呢？再如，如果你想安慰一个伤心的人，如何才能使其减少伤心，坦然接受事实呢？总而言之，人生不如意十之八九，很多时候，人们都会面临各种各样的困境和难题，也会遭遇突如其来的灾难，在这种情况下，面对最急需解决的难题，唯有具备把“坏事”说好的本领，我们作为传达坏消息的人才能帮助其他人平静接受，平稳渡过。

现代社会，人人都深知正能量的重要性，也把正能量挂在嘴边。在与其他人交往时，大家都情不自禁地欣赏和青睐那些拥有正能量的人，远离负能量。人是群居动物，总是喜欢与人分担忧愁，分享喜悦。在这种情况下，能够把“坏事”说好的人，就会给我们失望沮丧的心带来丝丝的希望和光明，也使我们更加坦然地面对人生的诸多意外。不得不说，把“坏事”说好实际上是给人提供精神上的力量，是真正善于运用语言的人创造的奇迹。

彤彤今天放学回家的时候，脸上明显地写着“不高兴”三个字。妈妈看到彤彤的模样，非常冷静，并没有急于追问，而是等着彤彤自己想说的时候主动说出来。果不其然，在妈妈做晚饭的时候，彤彤也跟着妈妈来到厨房，帮着妈妈淘米洗菜。彤彤说：“妈妈，我有个不好的消息想要告诉您，您可千万别生气啊！”妈妈微笑着说：“哦，什么样不好的消息，居然让我们的开心果彤彤都忘记了微笑的模样啊！”彤彤羞愧地看着妈妈，说：“今天数学老师进行单元测试了，我只考了80多分。”妈妈有些意外，问：“你的数学成绩向来很好啊，这次是发生什么意外了吗？”彤彤沮丧地说：“我有一道大题做错了。”

“哦，原来是这样啊。那么，你现在会做了吗？”妈妈问。

彤彤点点头，说：“老师已经讲过试卷了，我想我已经完全掌握了。”

妈妈笑着点点头说：“没有人能够保证每次考试都考好，这次只考了80多分，但是你却知道了自己的不足，已经进行了及时的补救。只要你下次考试的时候不再犯同样的错误，这就是最大的收获。”

听了妈妈的话，彤彤眼含泪水点点头，妈妈为了鼓励彤彤，继续说：“其实，考80多分还有一个好处呢。”彤彤不解地看着妈妈，妈妈接着说：“你想啊，如果你每次都考100分，那么就没有进步的空间了。但是现在不一样啦，你还有巨大的进步空间，说不定还能得到进步奖呢！”妈妈的话使得彤彤破涕为笑，她对妈妈说：“妈妈，放心吧，我下次一定会取得巨大的进步。”

妈妈当然是个好妈妈，对于彤彤的沮丧和失落，妈妈三言两语，就把彤彤心目中的“坏事”说成了好事。也正是因为妈妈的鼓励，彤彤才能端正态度，再接再厉，努力学习。其实，每个人在人生之中都会遇到各种各样的困难，在这种情况下，与其失望沮丧，不如调整心态，端正态度，把失败看成人生进步的阶梯。这个道理不仅适用于彤彤，也适用于我们每个人。

生活中，有很多人都喜欢抱怨，殊不知，抱怨除了使本来就很糟糕的事情更加糟糕以外，也会给他人传递负能量。要想成为人生真正的强者，我们就要正确对待人生中的坎坷与挫折，不管是对于自己还是对于他人，都要具备把“坏事”说好的能力。朋友们，你们已经准备好自己的三寸不烂之舌了吗？正如人们常说的，心若改变，世界也随之改变。我们要想改变自己的人生，就要从改变自己的内心、改变自己的语言开始做起！

先扬后抑，通过鼓励性的言语对他人提出批评

人们常说，“人非圣贤，孰能无过。”无论是无心之失还是有意为之，每个人一生中都难免犯错。而犯错之人，本就心中惶惑，愧疚自责，如果批评者还疾言厉色，毫不顾忌对方的情面，那么很容易激起对方的排斥心理，不仅难以心平气和地接受批评者的言论，还会心生怨艾，激化双方的矛盾。

杰森是位著名的足球教练，他手下的队伍每年都会有不菲的战绩。不仅如此，经他调教出的足坛巨星更是数不胜数。

这天，杰森难得能在家享受假期。每年的这个时候，他的好几位高足都会登门拜访，今年也不例外。这不，他刚吃完早餐，门铃就响了。看见当年风光无量、如今退役后仍牵动万千球迷心弦的大卫捧着礼物站在门口，杰森赶紧招呼他进来，又叮嘱他下回不必再买礼物了。

“这只是我的一点儿心意。再多的礼物，也无法回报教练对

我的栽培。”大卫就像回到了自己的家，一边给杰森倒咖啡，一边说道，“当年若不是您的一句鼓励，我早就放弃了足球。至今我还常常梦到那场可怕的灾难。那场冠军决赛，您不顾众人的反对，坚持让我这个初生牛犊上场。结果，我太过紧张，竟然连续打进了两粒乌龙球。俱乐部老板气得要低价卖掉我，媒体球迷都在批评我、嘲笑我，是您力保我，让我能够继续留在您身边，留在顶级俱乐部踢球。我还记得比赛后，大家都回去了，我一个人留在更衣室里哭，您过来拍了拍我的肩，说：‘大卫，我真想不明白，你有这么好的技术，这么好的身体素质，面对对方那个二流前锋，你有什么好紧张的。你的心态，配不上你自己。’是您这一番话，把我从地狱边缘拉了回来。我明白您是在批评我太不成熟，但您对我的肯定，让我放弃了结束足球生涯的念头。”

杰森笑了笑，端起咖啡喝了一口，“你的成绩，来自你自身的天赋和努力，也来自你的幸运。你没有在我年轻气盛时遇上我。那时的我，脾气暴烈，生气起来口不择言。正是因为这样，好几个天赋极高的小伙子宁愿自降身价，也不愿在我的手下踢球。终于有一天，我付出了代价。那是我这一生难得一遇的足球天才，可是，在我无止尽的批评与谩骂中，他自我怀疑、自我沉沦，醉酒撞车，失去了右腿。从那以后，我就发誓，不管我手下的小伙子们踢成什么样，他们都应该得到我的鼓励和赞美。如今，你看到了，这个誓言，为我带来了名誉与金钱，也为足坛奉献了更多精彩。”

心理学家指出，面对他人的批评，大部分人会不自觉地产生恐慌，而这种恐慌，极易引起犯错者对自身的怀疑和对批评者的不满，从而导致辩解、抗拒、抱怨等行为的出现。而如果他人的批评率先以鼓励的面貌出现在犯错者眼前，那么犯错者不仅少有逆反心理，而且通常会主动接受批评者的意见，并确信批评者对自己的信心，从而树立更坚韧的自信，努力在批评者的关注下自我改进。既然如此，我们在批评他人时，何不尝试以鼓励性的语言表达出自己内心的声音呢？

那么，我们可以从哪些方面入手，利用鼓励性的语言达到批评的效果呢？

1.找出对方值得肯定的一点

无论你要批评对方的原因是什么，是力所不逮也好，是有力无心也罢，在批评之前，最好能找到对方身上值得肯定的一点，并向其着重强调、诚恳赞扬。如对方学习成绩不好，你可以肯定他的学习态度；对方工作态度不佳，你应该让他知道他拥有多么好的能力，他理应用更好的工作态度来与这份能力相匹配。肯定，永远比批评更易入耳，永远比批评更能给人以动力。

2.告诉对方他的不足在哪儿

在肯定了对方身上的某一点后，双方之间的交流氛围通常已经如愿达到某种和谐的程度，这个时候，我们再真诚而不失委婉地提出对方的不足或错误，对方往往更容易心平气和地接受，并保持良好的态度与你探讨。

3.帮助对方看到更远的风景

当双方已经就犯错者的错误或不足达成共识后，你应该让对方明白，你之所以告诉他不足或错误，是因为你相信以他的能力或毅力，一定能够克服这些不足或错误。在你的眼里，他是一个未来的成功者，而不是一个既定的失败者。如此一来，对方会更加坚信你与他此次沟通的目的是塑造一个更好的他，而非趁机发难、落井下石。

一针见血的表述才是解决问题的捷径

西方有句谚语，叫作“谁能笑到最后，才是笑得最好”。生活中，我们经常遇到这样的情况：当某人唾沫横飞地阐述观点、表明立场、争论问题时，当他自以为这种压倒性的优势足以令他赢得这场胜利时，却被对方一句简单的话、一个温和的微笑打败。这时他才明白，自己赘述再多，也不如对方那一针见血的关键之语。

肿瘤科病房里，患者小王的母亲又和医生大李纠缠起来。此时恰值主任巡查，他在门口听了半天，大李依旧无法解决王母的问题，平复王母的情绪，主任终于忍不住，敲门将大李叫了出来。

“怎么回事？这个患者不是后天就要手术了吗？怎么今天家属还在闹，还不同意手术？”

“患者的父亲已经决定手术，但她母亲一直不同意。他们俩在家里吵不出结果，就来医院跟我闹。”

“那位母亲是担心手术的风险吗？你没跟她说清楚手术的利弊吗？”

“说了，该说的我都说了。我还告诉她，如今她女儿要做的手术技术早已很成熟，成功率已经能达到90%，可是她还是坚持不让女儿做手术。她说自己的母亲就是得了同样的病，死在手术台上的。”

“原来有这样的抵触情绪。”主任想了想，拍了拍大李的肩，“你先去其他病房看看吧，我来劝劝这位母亲。”他进了病房后，先冲王母笑了笑，然后自我介绍道，“您好，我是肿瘤科的主任医师，您女儿后天的手术，也是由我主刀。”

王母一愣，局促地笑了笑，然后搓着手说，“对不起，我们决定还是不手术了，通过化疗来治吧。”

“对于您母亲的不幸，我深表遗憾。但是，我也想请您记住一点，就是您女儿眼下的情况。现在她已经产生了耐药性，除了手术外，还有更好的办法吗？您是为了挽救她的生命，才忍心看着她因为化疗吃了这么多苦；我们身为医者，难道不懂得选择最合理的治疗方法来救她吗？”

王母听了，低声啜泣起来。两天之后，主任从手术台上下来，满脸疲惫却又欣慰地告诉王母，手术很成功。

面对任何问题，我们都只有找到它的症结所在，才能彻底将其解决。同样，面对各种话题，只有点出它的关键之处，才能在沟通中掌握主动权，令交流的走势朝着我们希望的方向行进。在与人交际的过程中，我们要学会把握问题关键，有的放矢，一语中的，干脆利落地解决问题、化解纷争。

那么，我们在一针见血地解决问题时，应该注意哪些方面呢?

1.选对时机很重要

想要简单痛快地解决话题、结束纷争，一语中的的言谈内容很重要，对于发言时机的把握也很重要。正如故事中的那位主任，他选择的时机就是患者已经产生了耐药性，不适合再采用化疗的方式治疗。如果不是这个原因，相信无论主任从多么专业的角度、说多少合情合理的话，都很难劝服那位心中有着巨大阴影的母亲。

2.时刻准备着时机的到来

当形势不利于我们时，我们只能忍耐，静下心来等待着最佳时机的到来。在等待的过程中，我们也不能麻痹大意、听之任之，须保持警醒，时刻判断局势的变化，一旦感到时机成熟，就立即做出回应，才能把握住稍纵即逝的最佳时机。

3.最后阶段强化影响

在你做出回应的最后阶段，在你发言的最后几句，你需要采用相应的态度和言辞，强化你的话语给对方造成的影响。让你的观点更加冲击他的自以为是，让你的意见更易粉碎他的顽固不化。

掌握沟通中反击的技巧，化被动为主动

论辩场面无论大小，都是社会生活的一部分、人际交往的一种方式。论辩双方都会竭尽才智，一展才华，如果你能掌握其中的技巧与方法，取胜当不在话下。

人们常常把论辩称作唇枪舌剑。是“枪”就有锐，是“剑”就有锋，否则就不能击败对方，置对方于“死地”。也就是说，论辩必须具有攻击性。下面介绍几种增强论辩攻击性的方法。

1.易位反驳

在论辩过程中，对于他人的错误论点，如果直接从正面反驳不易说服的话，我们就可以换一个角度或方位来说明问题，反驳他人的论点，也就是引导他人换一个角度或方位来观察问题、思考问题，从而使他较容易地接受己方的论点，此种方法就叫易位反驳法。

有一对夫妻谈论婆媳关系的问题，妻子说：“造成婆媳关系不好的原因都是婆婆不会做人。”她的丈夫反对她的观点，妻子就和丈夫争辩起来，她说：“你娘和我吵了几次，哪一次不是她的不对？”丈夫一听，感到如此争辩只会让对方越争越不服气，于是，他干脆让妻子说完，也不答辩。过了一会儿，他以冷静的口气讲述了一件事。

他说：“前几天，我路过你弟弟家，你娘哭着向我诉说，你弟媳妇又和她大吵了一场，说是为了钱的事。”妻子一听就气得

大骂起她的弟媳来："那个小东西，贪得无厌，整天就只知道要钱。"丈夫说："是不是你娘也有不会做人的地方？"妻子肯定地回答："什么不会做人？我娘对她好着呢，是她自己一点儿都不知道感恩。"丈夫这时问妻子："那么按你这么说，婆媳关系不好的原因，并不都是婆婆不会做人啦！"

妻子这时被反驳得哑口无言。这位妻子的前言后语自相矛盾，就是因为前面是站在儿媳的位置思考问题，后面是站在婆婆的位置思考问题，其丈夫就是让她换了个位置来反驳自己。

2.顺水推舟

在论辩的过程中，如果论敌的辩词有错误，我们可以先巧妙地顺应对方辩词，然后对对方辩词的内涵进行分析，顺势反驳，推导出对方辩词与事实之间的差异之处，这就是顺水推舟的技巧。

3.以短托长

在论辩过程中，论辩的一方虽然处于劣势，但如果充分地发挥自己的长处，攻击对方的短处，从而化劣势为优势，变被动为主动，就可以取得以弱取胜的论辩效果。

论辩是锻炼口才的工具，在用语上，需要选择正当而健康的语言方式，可以咄咄逼人，但是一定要杜绝人身攻击和侮辱性的话语以及肤浅的言论，用自己的风度来换取现场的气氛，以守住自己的阵地。

第 08 章

不要吝惜你的赞美，让沟通变得轻松愉悦

◎ 恰当的赞美是人际交往的润滑剂

◎ 赞美要有理有据，言过其实往往适得其反

◎ 赞美的切入点要因人制宜

◎ 把握赞美的分寸

◎ 赞美要有礼有节，不要让你的赞美“掉价”

◎ 独树一帜的赞美才更能打动人心

恰当的赞美是人际交往的润滑剂

现实生活中，有很多人在与他人打交道的时候，总是觉得心虚。归根结底，就是不了解他人的脾气秉性，也因此觉得与他人无话可说，更怕自己一不小心说错了哪句话，就会导致对方非常气愤。实际上，这根本不是畏惧交流的原因，因为对于真正需要沟通的双方而言，提前了解并非那么重要。即便是对于初次见面的陌生人，只要我们能够把赞美的话说到对方心里去，那么对方就会对我们产生好感，接下来的沟通也会变得更加融洽。这就是赞美的魔力。

当然，尽管赞美对于人际交往而言是屡试不爽的润滑剂，但是赞美的话并非随随便便都能起到效果。要想用赞美成功地打动对方，首先，我们应该掌握一个最基本的原则，即赞美一定要发自内心。当赞美流于形式时，就变得虚伪了，那么对方也一定会有所感觉，甚至因为对这种阿谀奉承的赞美心生厌恶，对说出赞美的人也心生抵触。因而，只有说出真实的、发自肺腑的赞美之言，我们才能得到他人的认可和尊重，也才能给他人留下好的印象，从而为彼此的良好交往奠定基础。

除了要真诚和言之有物外，赞美还要恰如其分。夸大其词的赞美使人感到虚伪，有溜须拍马的嫌疑。赞美还应该根据不同的时间、场合与赞美对象，采取恰到好处的表达方式。此外，赞美他人时一定要用心，如果一边赞美他人一边左顾右盼，就会给他人留下恶劣的印象。最后，赞美不但要真诚，也要恰如其分。赞美是不能打折扣的，打折之后的赞美不但言辞缩水，效果也会大大缩水。所以当我们赞美他人时，一定要怀着真心，而且要不厌其烦。要知道，你用心说出的每一个赞美之词，都能在对方心里绽放。总而言之，赞美不是一件简单容易的事情，唯有端正态度，才能起到预期的效果。

这是宠物的接种季节，周末很多人都带着心爱的宠物来到动物医院接种。当天的值班医生忙忙碌碌，始终没有休息的时间。忙碌之余，他无意间抬头看向外面的候诊室时，不由得感到非常压抑。原来，候诊室里坐满了人，他们都抱着小小的宠物，当他们看着宠物的时候，脸上满是慈爱，但是他们对于彼此，却都非常冷漠，整个候诊室鸦雀无声。

不久之后，有位少妇一手推着婴儿车，一手抱着一只吉娃娃走了进来。她坐在与一位中年男士相邻的位置上，也面色冷漠，看起来丝毫不准备打破候诊室的沉默。她坐下来没多久，婴儿车里七八个月大的婴儿突然对着那位男士咧开嘴巴笑了。男士也情不自禁地展现出笑容，开始逗弄这个孩子，并且对少妇说：“你家的小宝宝几个月了，看起来真可爱啊，眼睛大大的，头发还有些自来卷，就像个美丽的洋娃娃。”听到这句对自己孩子的赞美之词，少妇的脸上也挂上笑容，回答道：“他再过几天就8个月了，特别爱笑，看到谁都笑。”“这样才好啊，招人喜欢。”男士赶紧说，“现在小婴儿越来越少，看着真是稀罕人啊！”少妇说：“是呢，从呱呱坠地，似乎一转眼就要8个月了，再一转眼，就长大了，该淘气了！”就这样，少妇和男士你一言我一语地聊了起来。很快，候诊室里响起了轻微的交谈声，其他带着宠物候诊的人也开始搭讪起来。

在这个故事中，婴儿的微笑打开了中年男士的心门，男士由衷的赞美也使少妇感到非常高兴。有了这样好的开始，他们才有了接下来的交谈，彼此之间也更加融洽和谐地进行交流。其实，人与人之间的距离并没有我们想象得那么远，只要人们想要彼此接近，也愿意说些好听的话愉悦他人的耳朵，人际关系就会变得更加简单纯粹，人与人之间的感情也会更加美好纯真。

需要注意的是，面对我们的赞美，有的时候对方会表现得很谦虚。恰恰是这份谦虚，很容易就会削弱赞美的力量。在这种情况下，我们更要强调自己的赞美，并且表现出足够的真诚和友善。有的时候，重复一遍自己的赞美，也能够收到很好的效果。

赞美要有理有据，言过其实往往适得其反

赞美的力量是无穷的，它能让人认识到自己存在的价值，能鼓舞人的斗志，能把人推向收到赞美的预期效果。赞美要有理有据，这样大家才能心服口服。“有据”就是要有事实依据，确凿无疑，谁也说不出个不字来。“有理”就是要求说话有道理，无可挑剔。除此之外，在赞美别人时我们还要注意什么呢?

1.赞美要实事求是

真正的赞美是有理有据的，如果言过其实或者言不由衷，就可能变成“拍马屁”，对方也会怀疑你的真实目的。例如，我们对一位清洁工人这样赞美：“您真是一位成功人士啊！您具有非凡的气质，您是一位伟大的人！”对方一定会认为我们精神有问题，因为这些话好像和他没有一点儿关系。只有实事求是地去赞美他人，才能抓住对方的心，获得对方的好感，以此改善人际关系。

2.当众赞美别人

我们要想成为受欢迎的人，学会赞美是必不可少的，但在赞美别人的时候如何能让对方认可，让对方感到被重视呢？这需要当众赞美别人。当你在众人面前赞美一个人的时候，对方就会觉得受到特殊礼遇，心里美滋滋的。

3.赞美别人要掌握好分寸

赞美他人的形式是多样的，但必须学会因人而异地掌握分

寸，注意讲话时的环境，观察别人的脸色。当你赞美别人时，别人发出会心的微笑或谦虚地说“哪里，你过奖了”等，你可以继续赞美；而当别人对你的赞美没有任何反应的时候，你就要观察一下对方是不是有什么心事或遇到不高兴的事情，否则只会适得其反。所以在赞美别人的时候，一定要掌握好分寸。

4.适当地加上肢体语言

选择恰当、得体、文雅、幽默的语言赞美他人固然很重要，但这也只能传达你所要表现信息的一半。那么，另一半是什么呢？是你的表情、眼神和肢体形态，这些与你的语言必须同步。把自己的肢体语言作为一种礼貌的信息与自己的语言同时传达出去，要求我们学会并培养自己的风度，随时准备考虑和吸引他人的兴趣，把大家共同关心的话题引入正轨。赞美是整套语言的表达方式，不是单纯地靠嘴把赞美之词说出去，适当地加上肢体语言，会让别人更能接受你的赞美。

赞美的切入点要因人制宜

喜欢听好话受赞美是人的天性之一，人们用诚恳的态度，热情洋溢的话语来直接赞美对方，不仅能表现自己的涵养、友善，迅速博得对方的好感，而且能使对方感到自我价值被人赞同、认可，从而产生共鸣，渴望与其拉近关系，深入交往。总体来说，要想学会正确地赞美别人，一般要注意以下两点。

1.赞美须情真意切

赞美要有发自内心的真情实感，这样的赞美才不会给人虚假和牵强的感觉。带有情感体验的赞美既能体现人际交往中的互动关系，又能表达自己内心的美好感受，对方也能够感受到你对他真诚的关怀。

虽然人人都喜欢听赞美的话，但并非任何赞美都能使对方高兴。能引起对方好感的只能是那些基于事实、发自内心的赞美。相反，你若无根无据、虚情假意地赞美别人，他不仅会感到莫名其妙，更会觉得你油嘴滑舌、诡诈虚伪。例如，当你见到一位其貌不扬的小姐，却偏要对她说："你真是美极了。"对方立刻就会认定你所说的是虚伪之至的违心之言。但如果你着眼于她的服饰、谈吐、举止，发现她这些方面的出众之处并真诚地赞美，她一定会高兴地接受。

2.赞美要抓住对方的长处

赞美能够鼓励他人前进。心理学家马斯洛认为，荣誉感和成就感是人的高层次的需要。一个人具有某些长处或取得了某些成就，他还需要得到社会的承认。赞美的作用，就是承认他人的长处和成就。当他的行为受到称赞时，他就会受到鼓舞，发挥更大的积极性，继续努力前进。

在社交场合，无论对男人还是女人，有效的赞美都非常重要，可以让彼此的沟通事半功倍。所以，培养随时赞美他人的习惯往往可以让你的社交如鱼得水。正所谓“日日耕耘才会有收获”，赞美他人也是如此。

把握赞美的分寸

赞美如煲汤，火候是关键。赞美对方恰如其分，恰到好处，会让对方感到很舒服；但赞美得多了，会过犹不及，使得赞美没有新鲜感。真正会赞美的人，非常懂得在赞美时控制好火候，将强弱分寸都拿捏得恰到好处，张弛有度，收发自如。具体来说，赞美他人时应把握以下几个分寸。

1.要得体不要过于夸张

在赞美他人时适当地夸张一点儿能够有利于表达自己的感情，对方也乐于接受，但过分地夸张就有阿谀奉承、溜须逢迎之嫌。言不由衷或言过其实，都会使对方怀疑赞扬者的真实目的。

在交际中，人们无疑是喜欢听善言的，但恭维并不等于善言，恭维适度才是善言。如果错误地把恭维当作善言，不分对象、不分时机、不分尺度，总是千方百计、搜肠刮肚找出一大堆的好话、赞词，甚至把阿谀当作善言，那么得到的回报就常常事与愿违。

2.不要说外行话

赞美他人是对他人的认可和肯定，所以在赞美时不能说外行话，要慎重选择赞美的角度，不要不懂装懂，落下笑柄。

有的赞美本来使对方很满意了，但赞美者为了显示自己的水平，过多地去赞美，往往会露出马脚，让对方感觉不好。所以，赞美别人时应有所保留，千万不要打肿脸充胖子，硬充内行。

行家比你要懂得多，没有必要在赞美时说得过细。例如，对书法家，称赞他们字写得好，可以说“您的字写得太好了，什么时候指点指点我。”这样即可，没有必要说他的字好在哪里。

3.要避开套词俗语

独具慧眼的赞美者善于发现别人发现不了的优点、长处。例如，面对一幅油画作品，几乎所有的人都异口同声地叹道：“真是太绝了！”“我再练十年恐怕也赶不上！”油画家对这样的恭维早就习以为常了。独有一位与众不同者说道：“常言说，画如其人。您的画运笔沉稳，是和您刚正不阿的秉性、对人生与社会的深刻思考分不开的。”谈画论人，独辟蹊径，避开了套词俗语，令人耳目一新。他的赞美与众不同，技高一筹。

肤浅的赞美让人感到乏味与空洞，受到你赞美的人也丝毫没有荣耀感；而见解深刻的赞美会让被赞美者产生认同感，继而产生和你积极沟通与交流的愿望。

赞美要有礼有节，不要让你的赞美“掉价”

对于人们来说，赞美是这个世上最动听的语言，甚至可以说是最伟大的语言。然而，日常生活中，我们也有这样的经验：再好吃的食物，吃多了也会觉得寡淡；再有趣的事，做多了也会觉得无聊。同样，赞美的话即便再动听，如果毫无节制地使用，也会让人觉得“廉价”，没有意义。

小朱从小就是出了名的“甜嘴巴”，经常几句话就夸得人满脸喜色。工作后，她将这种特长运用起来，虽说没有起到想象中的效果，但也让她能与同事融洽相处。

这回，老板带着她出差，双方的代表在酒店的大堂会面。见面后，双方先礼节性地握了手，随后小朱就夸起对方那位西装革履的代表：“翟老板吧？一看您就器宇轩昂，身材保养得真好，穿衣打扮也很有品位，怪不得您的企业这么成功，从这些细节就能看出您的成功之道……您看您这领带”……

她一大串的话说完后，对方才尴尬地指着自己后面那位大腹便便、衣着朴素、被小朱误认为司机的男子说：“这才是我们翟总，我是他的秘书。”

小朱暗暗叫苦，她知道，这一次谈判她是发挥不了作用了。

赞美，可以温暖他人心灵，可以润滑人际关系。应该赞美的时候，你不可吝啬，应尽情地赞美。但是，温暖多了，对方会怀疑你的意图；润滑多了，对方会觉得你太油滑，以致你的赞美不再动听，不再珍贵，不再能引起他人心中的波澜。

那么，在与人交际时，应该注意哪些方面，让自己的赞美不掉价呢？

1.不要忙不迭地赞美

很多人在与他人初次见面或是尚不熟识时，就开始忙不迭地赞美。这样的赞美不仅缺乏诚意，让他人难以受用，更会降低自己在他人心中的分量。赞美他人，要建立在自己对他人有一定了解的基础上，并且应该有一定的铺垫。例如，面对一位事业有成的人士，上来就说“久闻大名、如雷贯耳”，效果肯定比“听说您是 × × 公司的董事长，贵公司是业界的榜样，您的才干也让我仰慕已久”要差。

2.不要舍大求小地赞美

在一些众人参与的场合，我们赞美他人时不要过于突出某一个人或几个人而忽略了其他的大部分人。在人多的场合，面对他人单独提出的褒扬，大部分人或许会志得意满，但不可否认还是存在一些会因此而尴尬、不习惯的人。此外，即便这种赞扬会令小部分人很是受用，但同时也得罪了大部分被“间接贬低”的人，这无疑是一种得不偿失的做法。

3.不要一个劲儿地赞美

我们在赞美他人时，切忌轻易、频繁、长时间地发表溢美之词，即便是在一些喜庆气氛浓烈的场合。长篇大论的赞美也许会让当事人喜上眉梢，但很容易让旁人觉得你有溜须拍马之嫌。轻易、频繁地赞美他人，或许会让有些人认为你“会说话”“嘴巴甜”，但更多的时候会让人们认为你的赞美并不那么“值钱”。真诚的赞美，应该发生在他人有了杰出的表现或突出的成绩之后，而不是围绕着“衣食住行”“柴米油盐酱醋茶”等琐事不停地赞美。

独树一帜的赞美才更能打动人心

很多人都十分在意“撞衫”，认为撞衫是一件尴尬而又惹人不快的事。然而，很少有人在意自己是否“撞言”，在意自己是否言之有物、言之有效。同样一句话，听第一遍觉得新鲜，听第二遍觉得有趣，听第三遍觉得无味，听到第十遍，恐怕就是厌烦了。赞美也是如此。司空见惯的夸奖让听者如同嚼蜡，弃如草芥；别出心裁的赞美才能让人如饮醇醪，千杯不厌。

那么，可以从哪些方面入手，让自己的赞美与众不同呢？

1.抓住对方自鸣得意的方面

一个人无论功成名就还是庸庸碌碌，无论骄傲自大还是谦虚谨慎，在他自我看来，自己身上一定载着某种他人难以企及的特质，并为此而自鸣得意。我们在赞美他人时，可以先仔细观察，发觉对方最引以为傲的特质，并以此为切入点开始称赞。一个人被他人夸到最得意处时，往往会十分相信对方的赞美，并且认为对方很懂得欣赏自己。

2.用一种独特的方式

如果一时看不出对方最自傲的特质，可以先试着以赞美方式入手。别出心裁的赞美方式也会让被赞者眼前一亮，听出别样风味。例如，赞美一个女孩“美”“有气质”，是大家常用的语言，如果懂得换个方式，夸女孩的眼睛很特别，女孩的一举一动很优雅，相信更能让被赞美的女孩开心。

3.看到别人没有看到的闪光点

在赞美别人时，对于对方那些众所周知的优点，可以简单带过，免于流俗，而将赞美的主要精力放在那些他人还没有发掘的闪光点上。例如，面对一个功成名就的企业家，你再像他人那样一个劲儿地夸他有能力、有魄力，他已经生茧的耳朵不会为你这几句话而感动；如果你发现他经常抚摸他那一把乌亮的大胡子，那么不妨趁着他人没有开口前，先夸一夸他的胡子。

第 09 章

掌握职场沟通奥义，轻松赢得他人好感

◎ 通过巧妙的自嘲提升职场人气

◎ 温情言语可以表达对同事的关心

◎ 化解同事间不必要的矛盾，增进相互间情谊

◎ 九个句型保你职场长胜

◎ 忠言也能顺耳，巧谏更能赢得青睐

通过巧妙的自嘲提升职场人气

现代职场，职场人气的好坏，直接关系到一个人的升迁和职场命运。那些会说话，懂得打破沉默、活跃办公室气氛的人往往更容易赢得同事的好感，职场人气自然也高，而这些聪明的职场人一般都会借用自嘲这一心理策略。因为从心理角度看，没有人会拒绝幽默带来的开怀一笑。幽默一直被人们称为只有聪明人才能驾驭的语言艺术，而自嘲又被称为幽默的最高境界。如果我们懂得自嘲，那么会使办公室的氛围很好，使同事感到工作轻松，人际关系和睦，工作也有干劲，而最重要的是，我们的职场人气上升了。

我们每个人工作谋生的集体都是一个大家庭，作为家庭成员的同事之间难免产生磕磕碰碰、误会、牢骚，也自然免不了时常遇到的尴尬之事。在这种情况下，谁是谁非不是三言两语就可以说清楚的，要有耐心，不要逞一时口舌之快，伤了与同事的和气。大家同在一个屋檐下共事，低头不见抬头见，一旦撕破脸皮，以后要再行交谈、沟通，虽非不可能，但也要颇费周折，好事多磨了！这时，我们不妨采取幽默的心理策略。取借语言之衣，实取人情之利，何乐而不为？会说话的人不仅能在谈笑间使樯橹灰飞烟灭，达到自己的最初愿望，而且能创造一个和谐的人际环境，以柔克刚。

幽默可以说是生活中最自然的品位，它不仅能产生笑料，更是一门知识，一种功力很深的素养。难以想象一个不懂幽默的人是一个会说话的人。同时，会说话的人都少不了这样一种既简单又困难的风度——自嘲。任何一个成功运用语言达到与同事和解、回敬同事指责、批评的成功范例或多或少都少不了自嘲的功劳。

那身处职场，我们该怎样利用这一心理策略呢？

1.敢于拿自己的短处“开涮”

自嘲是缺乏自信者不敢使用的技术，因为它要你自己骂自己。也就是要拿自身的失误、不足甚至生理缺陷来“开涮”，对丑处、羞处不予遮掩、回避，反而把它放大、夸张、剖析，然后巧妙地引申发挥，自圆其说，博得一笑，没有豁达、乐观、超脱、调侃的心态和胸怀是无法做到的。可想而知，自以为是、斤斤计较、尖酸刻薄的人难以望其项背。

工作中，我们遇到以下情况可以以此类推。

一位胖子摔倒了，可说：“如果不是这一身肉托着，还不把骨头摔折了？”换成瘦子，又可说：“要不是重量轻，这一摔就成了肉饼了！”

职场上，在人前蒙羞、处境尴尬时，用自嘲来对付窘境，不仅能很容易找到台阶，而且会产生幽默的效果。所以自我解嘲，想办法自己先笑起来，是很高明的一种脱身手段。自嘲时要对着自己的某个缺点猛烈开火，容易妙趣横生，单就这份气度和勇气，别人也不会让你孤独自笑，而一般会陪你笑上几声的。

但自嘲的前提是我们要敢于拿自己的短处开涮，此时我们征服同事的原因不仅仅在于我们的幽默，也在于我们的自信。

2.自嘲不可针对任何人

的确，自嘲谁也不伤害，最为安全。你可用它来活跃谈话气氛，消除紧张；在尴尬中自找台阶，保住面子；在同事面前获得人气；在特别情形下含沙射影，刺一刺无理取闹的小人。但我们要记住的是，自嘲不可有任何针对性。在同事间的交流与沟通过程中，舌头一定要多绕几个弯，切忌妄自尊大，出语伤人。

适时适度地自嘲，不失为一种良好修养，一种充满活力的职场交际技巧。自嘲，能制造宽松和谐的交谈气氛，能使自己活得轻松洒脱，使人感到你的可爱和人情味，有时还能更有效地维护面子，建立起新的心理平衡，从而提升人气！

温情言语可以表达对同事的关心

生活中，不是所有的事情都尽如人意，当你不开心、不快乐时，你最希望的就是受到别人的关爱，得到别人的安慰。没有谁会愿意听那些中伤心灵的恶语，那样只能使自己更痛苦、更无奈、更悲伤。纷繁的职场中，很多人都在忙于自己的事务而无暇顾及其他，不是所有的人都会注意到别人的心绪，当被各种琐事困扰，以及心情焦虑紧张时，身为职场人的你，能否展现温柔的一面，用体贴、关心来抚慰同事受伤的心灵、倾听同事的心声呢？

懂得温柔之美的人，不会只顾及自己的感受。他会用柔和的话语劝慰同事，凡事要想得开，不要斤斤计较，胸怀要宽广。否则，只能损害自己的健康，不利于自己的职业发展。没有人喜欢恶声恶气，尤其是在自己遇到事情烦恼焦急的时候。温柔言语能够解开同事心中的郁结，使其摆脱烦恼的困扰，拥有一个全新的心境，重新开始认识自我、认识工作。善于用温情言语体现对同事的关心，不仅可以赢得同事的感激，还能够拓展人际关系，赢得好人缘。出言不逊、恶声恶气的人不会被同事所喜爱，只有懂得体贴、关怀别人的人才会讨得他人的欢心。在同事为事情烦恼的时候，搬弄是非的人只会在旁添油加醋，懂得是非曲直、会用言语圆融变通的人能够使同事之间的关系更和谐。

温情言语在职场中往往起着至关重要的作用。每个职场人士都会遇到不如意的事情，心细的人如果此时能展现温柔的一面，关心同事的喜怒哀乐，倾听同事的心声，就可以使同事悲伤、激愤的心情平静下来。喜欢大动肝火、焦躁不安的人常常只顾自己，不考虑别人，也不会对同事伸出援手，这样自私自利的人不会受到别人的喜爱。在职场中自由驰骋的人，能够心平气和地对待同事，包容同事，体贴同事，自然能赢得同事的喜爱。

静安从事版面设计多年，在公司很受领导器重。可是，最近发生的一件事却使他非常烦恼。他所在的公司和一家大公司合作，共同做两个版面，领导把这个任务交给了他，限期在两天之内设计出来，因为这关系着以后的合作。所以，领导要求静安多思考，尽量设计出美观、实用、巧妙的版式。静安参考了现今流行的多种版式，运用自己多年的实践经验，根据已有内容设计出了一个版面。无论是从内容还是从视觉冲击力方面来说，都给人一种新鲜的感觉，自有其独特的风格。然而，当静安将设计成果上交后没几天，领导反馈回消息说，对方公司对他的设计不是很满意，并提出了几点建议。静安看着退回来的版面，失望到了极点。他整天想着这件事，感觉很没面子，自己多年的拼搏似乎毁于一旦。

思琪是静安的同事，对于公司的对外合作并没有过多的了解，这几天看静安心事重重、一副愁眉不展的样子，公司的气氛似乎也很紧张，就猜测公司可能有什么事情发生。下班后，思琪走近静安，轻声询问他有什么事情需要帮忙的。原本一筹莫展的静安看着思琪很认真的样子，从心底感谢思琪的关心，于是，就把自己设计好的版面被退回来的事情告诉了思琪。让他没有想到的是，思琪没有嘲笑他，反而温柔地劝慰他不要着急，并帮助他分析了对方公司的建议，觉得那些建议很有道理，劝他按照对方公司的建议把自己设计好的版面改动一下，也许还有机会促进和对方公司的合作。

静安在思琪的安慰和鼓励下，不再消沉，他把自己设计的版面重新审视了一下，终于找到了问题所在，并根据对方公司的建议对版面进行了修改、美化，当他把修改、美化过的版面交给领导时，完全出乎领导的预料。领导很快与对方公司约谈，对方公司代表看到修改美化过的版面后大加赞赏，两家公司的合作事宜顺利达成。静安因此受到了公司的奖励，他一再向公司领导表示，这应该感谢思琪的关心，是思琪给了他信心和勇气，鼓励他完成了设计版面的任务。思琪也因此受到了公司的嘉奖。

温情言语能够激励人走向成功，在同事灰心失望、一蹶不振的时候，智慧的人会及时温柔地鼓励同事，帮助他走出阴暗，走向成功。在同事需要帮助、关心的时候，冰冷的言语会使人走向绝望，人如果能充分发挥自己的优势，表现出自己的温柔，会帮助同事走出失望，燃起新的希望，重新振作起来。事例中的思琪，在静安遭到挫折、情绪低迷的时候，用温柔的话语化解了静安心头的阴霾，使静安能够重新审视自己的版面，认真做出修改，促成了两家公司的合作。

职场中，对同事多一份关心，多一份体贴，多一份热情，多一份帮助，用温柔的话语融化同事心中的坚冰，既能让同事树立自信，也能让同事享受到关爱和温暖，把职场营造成温馨的乐园。

化解同事间不必要的矛盾，增进相互间情谊

即使再亲密的朋友也会出现隔阂，在职场中，同事之间也会产生或大或小的摩擦，出现尴尬的场面。这时候，需要我们帮助同事打圆场、化解矛盾。善于周旋的人不会沉默不言，他会巧言善语控制事态的发展，使大动干戈的同事停息战火，平和心气。如果是某个同事受了不公平的待遇，与别的同事闹矛盾或领导发生了争执，他会顾及同事的面子，巧妙地平息事端。在同事为了无来由的事端纷争而左右为难感觉很没面子的时候，勇于站出来打圆场的人，会受到大家的赞扬和支持，人际关系也会越来越好。

不是每个人在职场中都能应付自由，有的人天生笨拙口讷，虽然平时谨慎地做着自己分内的事，但是仍然免不了被人责怪，纵然有满肚子的委屈，泪水也只能往肚子里咽。特别是在遭到别人指责、有了口舌之争时，更是显得软弱。此时，能说会道的人如果出来打圆场，那么无异于一副良药，同事内心的焦急、烦恼、压抑都会慢慢平息，即使以前对你没有多大好感的同事此时也会对你产生一种信任感和安全感，你与同事之间的情感也会逐渐变深，不知不觉中扩展了自己的人脉，职场生涯也从而得以不断延伸。

同事间的深情厚谊对于每一位职场人士来说都是难以忘怀的。在职场打拼的人，不会囿于自己的小圈子，即使对于不太熟

悉、不太了解的同事，他也会真诚地对待，赢得别人的好感。在同事被人拆台、面临困境的时候，善于言辞的人不妨打打圆场，在劝解一方时，不得罪另一方，左右逢源，使双方都能保全自己的颜面，从而化敌为友，这样双方都会对你产生好感，增进友情。

马晓任职于一家公司，主管教育产品的研发及销售。新来的员工小刘虽然人长得漂亮，但是工作能力并不强，却仗着自己是公司领导的亲戚经常对别的员工出言不逊，马晓为此很伤脑筋。公司的同事都不怎么喜欢小刘，有的同事碍于公司领导，虽然表面上不说，但心里却对小刘异常不满，公司的人际关系非常紧张。随着时间的流逝，同事们对小刘都是不理不睬的，一向骄横的小刘感到十分孤单无聊，便经常去招惹同事，与同事“撞单”，终于与同事产生了矛盾。

一次，同事子怡联系到一个客户，当她和客户约好去对方公司签订合同的时候，令她意外的是，小刘竟然先于她到场与客户签订了合同，由于是网约，子怡明白是小刘撬了她的客户。回到公司，子怡向马晓做了汇报。

对小刘观察了多日的马晓逐渐了解了小刘的秉性，她找来小刘询问情况，小刘一口咬定那是她谈好的客户，是子怡在与她抢客户，子怡急得几乎掉下泪来。马晓急中生智、神色严肃、毫不留情地打断小刘的辩解，向她重申公司的员工销售应遵循的原则，并婉转地告诉小刘，公司对于每个员工都是一样的，如果她确实有能力与客户进行交流和沟通，那么她就会拥有源源不断的客户，业绩自然就会提升。

小刘认识到自己的错误，一向高傲的她低下了头，忙向子怡道歉，并表示以后会靠自己的奋斗争取客户。子怡也意识到自己的冲动，看到小刘真诚道歉，便原谅了她，并表示自己会在工作方面帮助她进步。小刘仿佛瞬间成熟了许多，从此，与子怡成了很要好的朋友。

职场中出现的矛盾和纠纷就像心灵的毒瘤，如果任其长存下去，势必会逐渐膨胀，影响人际交往，工作环境也会变得一团糟。这时，要善于察言观色，对于那些欺软怕硬的员工，抓住时机，有理有据地针锋相对，帮助同事打圆场，打击他的嚣张气焰，使他改变自己的处世态度，职场的气氛就会逐渐趋于缓和，同事间的情谊也会因此产生和加深。事例中的马晓，在小刘倚强仗势、恣意妄为、不利于公司发展的时候，不再姑息迁就，而是运用自己的口才，道明其中的利害关系，使小刘明白如何与同事相处，学习同事的长处，并靠正当的途径获取财富。

同事间和谐相处，能够产生深厚的情谊，增强团体的凝聚力，促进公司的良性发展。对职场生涯抱有美好憧憬的人，会努力争取自己的未来。在与同事的相处中，不会沉默不言，会在恰当的时机，秀出美妙的口才，保持一团和气，使同事间的友情在不知不觉中萌生、延续从而创造良好的职场氛围，这样才会有较大的发展空间，美好的前景才会展现在面前。

九个句型保你职场长胜

卓越的说话技巧，如避免麻烦事落到自己身上、处理棘手的事务等，不仅能让你的工作加倍轻松，更能让你名利双收。牢记以下九个句型，并在适当的时刻恰当使用，加薪与升职必然离你不远。

1.应答上司交代的工作：我立即去办

冷静、迅速地做出这样的回应，会让上司直观地感觉到你是一个工作讲效率、处理问题果断，并且服从领导的好下属。如果你犹豫不决，只会让上司不快，给上司留下优柔寡断的印象，下次重要的机会可能就轮不到你了。

2.传递坏消息时：我们似乎碰到一些情况……

一笔业务出现麻烦，或市场出现危机，如果你立刻冲到上司的办公室报告这个坏消息，就算不关你的事，也会让上司怀疑你对待危机的能力，弄不好还会惹得上司的责骂，成为出气筒。

正确的方式是你可以从容不迫地说：我们似乎碰到一些情况……千万不要乱了阵脚，要让上司觉得事情并没有到不可收拾的地步，并且感到你会与他并肩作战，解决问题。

3.体现团队精神：××的主意真不错

小马的创意或设计得到了上司的欣赏，虽然你心里为自己不成功的设计而难过，甚至有些妒忌，但你还是要在上司的听力范围内夸夸小马：小马的主意真不错。在明争暗斗的职场，善于欣赏别人，会让上司认为你本性善良，并富有团队精神，从而给你更多的信任。

4.如果你不知道某件事：让我再认真地想一想，2点前答复您好吗

上司问了你某个与业务有关的问题，你不知道如何作答，千万不要说“不知道”，而应回答“让我再认真地想一想，2点前答复您好吗？”之类的话，这样不仅能暂时帮你解围，也能让上司认为你不轻率行事，是个三思而后行的人。当然，要记得按时给出答复。

5.请同事帮忙：这个策划没有你真不行啊

有个策划，你一个人搞不定，得找个比较内行的人帮忙，怎么开口呢？你可以诚恳地说：这个策划没有你真不行啊！同事为了不负自己内行的形象，通常是不会拒绝的。当然，事后要记得感谢人家。

6.减轻工作量：我知道这件事很重要，我们不妨按重要性排出先后排序

首先，这句话强调你了解这项工作的重要性，然后请求上司指示，将这项工作与其他工作一起排出先后顺序，不露痕迹地让上司知道你的工作量其实很大，如果不是非你不可或必须尽快处理，有些事就可交给其他人或延期处理。

7.承认过失：是我一时疏忽，不过幸好……

犯错误在所难免，所以勇于承认自己的过失很重要，推卸责

任只会使你错上加错。不过，承认过失也有诀窍，就是不要所有的过失都自己扛。“是我一时疏忽，不过幸好……”这句话可以转移别人的注意力，淡化你的过失。

8.打破冷场的话题：我很想知道您对这件事的看法……

当你与上司相处时，有时不得不找点儿话题，以打破冷场。不过，这正是你赢得上司青睐的好机会，最恰当的就是谈一些与公司有关、上司很关心又熟悉的话题，可以用“我很想知道您对这件事的看法……”切入。当上司滔滔不绝地发表看法时，也会对你这样一个谦虚的听众欣赏有加。

9.面对批评：谢谢你告诉我，我会仔细考虑你的建议

自己苦心取得的成果却遭人修正或批评，的确是一件令人苦恼的事。不需要将不满的情绪写在脸上，但是却应该让批评你工作成果的人知道你已接收到他传递的信息。此时，可以说“谢谢你告诉我，我会仔细考虑你的建议”。不卑不亢的表现令你看起来更有自信、更值得人敬重，让人知道你并非一个刚愎自用或经不起挫折的人。

能不能说好话，从小处看，影响我们与同事、领导的关系和工作氛围；从大处看，直接关系到我们的职场命运。针对职场说话，我们需要学会一些心理策略，通过说话来操纵对方的心理，让同事和领导喜欢我们，这是我们在工作中无往不利的砝码！

忠言也能顺耳，巧谏更能赢得青睐

俗话说：“金无足赤，人无完人。”即使是工作经验、人生阅历都远胜于我们的上司也难免会有认知方面的局限，难免会有疏忽、错漏的时候。作为下属，当上司做出不合理、不正确的决策时，你会如何巧妙谏言呢？

无论在史书还是在后世人的口中，唐太宗李世民的妻子长孙皇后都堪称“千古第一贤后”。她身在后位，心系百姓，母仪天下；与唐太宗夫妻恩爱，鹣鲽情深，且善于借古喻今，时常劝谏李世民，尽心保护忠诚得力的大臣，与他们一起辅佐李世民，使其成为“千古名君”。

在那个等级制度森严的封建时代，对于长孙皇后来说，李世民是她的夫君，也是她的“顶头上司”，更是天下百姓的主宰。虽然李世民素有虚怀纳谏的美名，但毕竟军伍出身，脾气难免有急躁之时。因此，对于劝谏李世民，长孙皇后有一套自己的办法。而最著名的一次劝谏，莫过于“朝服进谏”。

一天，唐太宗在朝上被耿直的魏征气得怒火朝天，他在朝堂之上不好发作，下朝以后回到后宫，大嚷着要杀掉那个乡巴佬。长孙皇后听了，心中一惊，忙问谁惹唐太宗生气了。唐太宗生气地说，“除了魏征还有谁？每次上朝都直言进谏，弄得我很不自在。”长孙皇后听了，并不说话，只是退了下去，然后穿上朝服站在庭院里向唐太宗祝贺。见唐太宗不解，长孙皇后答道：“妾身听说君上圣明臣子才会忠诚。如今就是因为陛下圣明有德，魏征才敢直言进谏。这样看来，妾身不是应该向您道贺吗？”

唐太宗听了长孙皇后的话，明白了她的良苦用心，怒火也就自然而然地消散了。唐太宗从此更加敬重长孙皇后。

一个错误的决策，也许会影响一个或几个员工，也许会搞砸一个或几个项目，更有甚者，也许令集体承担巨大的损失，阻碍集体的良好发展。因此，虽是下属，虽然“人微言轻”，但我们也肩负勇于谏言的责任与义务，也同样能够在集体中发挥出一言千金的作用。这其中的关键，就在于是否掌握了巧妙劝谏上司、忠言也能顺耳的诀窍。

那么，我们在劝谏上司时，应该注意哪些方面呢？

1.看菜下饭

面对不同的上司，要采取的劝谏方式也不同。不同的人有不同的性格、脾气和处事方式，对于他人意见接受程度也不尽相同。因此，在劝谏前，应先摸清对方的底细，从而选择合适的应对方式。

2.否定之前先肯定

无论是高高在上的成功者还是习惯了低头颔首的不争之人，都没有几个真心愿意接受来自他人的批评、否定甚至是意见。因为对于每一个人来说，一旦接受了他人与自己相悖的意见，那无异于承认了自己之前的错误。因此，在劝谏上司时，对于上司的决策，应先做出肯定，然后再通过各种合适的方法提出你的建议。

3.注意态度

与上司对话时采用敬语是大部分人平时的习惯。但有些人在谏言时，容易让激情战胜理智，趾高气昂或慷概激昂之态给人一种“得理不饶人”的感觉。我们在劝谏上司时，应保持日常的敬意，以诚恳的态度提出个人意见。如此，即便上司不采纳你的意见，也能对你保持良好印象。

4.认清身份

在劝谏上司时，一定要牢牢记住这一点：自己只是一个建议者，上司才是最终的决策者。劝谏时少说“我认为”“这样不行”“绝对”等词句，而应多以“不如”“您看”“也许”等词句辅助。

第 10 章

高情商的谈吐是提升人缘的法宝

◎ 尽量委婉地指出他人的过失

◎ 批评中显露善意，让他人易于接受并心生感激

◎ 通过话语的弦外之音巧妙地表达应有之意

◎ 莫用“你错了”，以避免无谓的对抗情绪

◎ 多关注自身成长，莫议他人是非

◎ 谈话中为他人留有余地，受益的终将是我们自己

尽量委婉地指出他人的过失

有时候，我们会对身边的人所说的话，或者所做出的事情感到不满，抑或是我们代表着朋友的情谊而需要指出对方的错误。这时候，很多人都会选择以直接的方式说出，更有甚者，他们会选择一个公开的场合指手画脚，“你这里做错了，我认为该怎么样”，完全不顾及别人的感受，这样直接的做法只会伤害到对方，而且也不容易让他接受。虽然，我们经常说“忠言逆耳，良药苦口”，但实际上又有谁愿意听忠言、喝苦药呢？每个人都有自尊心，他们骄傲的内心不允许别人的当面批评、直接指出错误。如果你偏偏要走“直路”，直接指出对方的错误，就会伤害到对方的自尊心，使对方处于一个难堪的境地，而他在愤恨之余也不会接受你的建议。

所以，当直路不能畅通的时候，你不妨舍弃直接的方式，而选择委婉的方式。当你用委婉代替了直接，巧言暗示对方所犯下的错误，他一定会聪明地领悟到你的用心良苦。直接只会让忠言被排斥在门外，良药被倒在垃圾桶里，而用委婉代替直接，让良药不再苦口，让忠言也能顺耳，可以达到劝告对方的目的。

说话也是一样的道理，直言快语的勇气值得称赞，但并不容易让人接受，也达不到预期的效果；委婉的表达方式虽然有点儿麻烦，但转个弯会更好走，会更容易达到劝告的目的。我们指出对方的错误，实际上就是一种批评，而成功的批评方式就是需要对方能够愉快地接受，以及时地认识到自己的错误，并做出改正。所以，我们需要委婉地指出对方的错误，这样要比直接说出来显得温和，而且不会引起对方的强烈排斥。

传说，郑板桥年轻的时候家里很贫穷。有一年春节，因为没有食品过年，他在除夕那天向屠户赊了一只猪头，刚下锅，又被屠户要回去转手卖了高价。

为此他一直记恨在心，直到后来到山东范县做官，他还特别规定杀猪的不准卖猪头，自己吃也要交税，以示对屠户的惩罚。郑板桥夫人听说此事后感到不妥。一天，她捉到一只老鼠，吊在房里。夜里老鼠不住地挣扎，郑板桥一宿没睡好觉。郑板桥埋怨夫人，夫人说她小时候好不容易做了件新衣裳，被老鼠啃坏了。郑板桥听后笑了："兴化的老鼠啃坏了你的衣裳，又不是山东的，你恨它是何道理？"夫人说："你不是也恨范县杀猪的吗？"郑板桥恍然大悟，随即吟诗一首：贤内忠言实难求，板桥做事理不周。屠夫势利虽可恶，为官不应记私仇。

郑板桥因为贫穷时的遭遇一直对屠户怀恨在心，因而等他做了官之后，就规定杀猪的不准卖猪头，自己吃也要交税，以示对屠户的惩罚，实际上他的这一行为是在公报私仇。这时候，夫人看不下去了，但如果直接指出郑板桥的错误，就会损伤他的自尊，也会使他陷入难堪的境地。所以，夫人运用类比的方法，旁敲侧击，聪明的郑板桥立即领悟到了夫人话里蕴含着的言外之意，自己也醒悟过来，明白了自己的错误。在这里，郑板桥的夫人就舍弃直接的方式，采用委婉的方式达到了劝说的目的。

王太太为整修房屋请来了几位建筑工人。起初几天，她发现这些建筑工人每次收工后都把院子弄得又脏又乱，可他们的手艺却让人无法挑剔，王太太不想训斥他们，便想了一个好办法。一天，几位建筑工人收工回家后，她便和孩子们一起把院子收拾整齐，并将碎木屑扫好，堆到院子的角落里。到第二天几位建筑工人来干活儿时，她把工头叫到一边大声说："我真的对你们在收工前将我的院子扫得这么干净而高兴，我很满意你们的举动。"之后，每到收工时，他们都会自觉地把木屑扫到角落里，并且让工头做最后检查。

如果王太太直接指出几位建筑工人的错误，肯定会使他们大为恼火，而这种情绪会影响其工作效果，也会破坏他们与王太太之间的友好关系。所以，聪明的王太太舍弃了直接指出错误，而是委婉地表示出自己的想法，聪明的建筑工人一下子就明白了王太太的意思，也认识到了自己的错误。因而，每次完工之后，他们都会自觉地把木屑扫到角落里，并且让工头做最后检查。

当我们在指出他人错误的时候，要善于舍弃直接的方式，选择能通幽的小径，以委婉的方式来劝告他人。这样的“曲径”不但能把我们的意思准确地表达出来，而且能使对方成功地接受你的建议。因为要对方能虚心地接受你的建议，就要注重说话的技巧，所以一定要委婉地指出他人的错误，切勿直接批评。

批评中显露善意，让他人易于接受并心生感激

对于每一个领导来说，批评都是一种必要的强化手段，批评与表扬是相辅相成的。批评也要讲艺术，因为其本身是一种指责，如果运用不当，下属就只会记住你的批评而不是自己的错误。作为一个领导，你应该尽量减少批评带来的副作用，尽可能地减少下级对批评的抵触情绪，来达到比较理想的批评效果。但在某些领导看来，批评就是全盘否定，只看到别人的缺点，而忽视其优点。其实，从“批评”所要达到的目的来说，我们可以把“批评”当作“提醒”“激励”，而不是去否定一个人。尤其是对于领导来说，自己对下属的批评要尽显善意，在坚持原则的基础上教育几句就行了，千万不要言辞刻薄，恶语相向，如此下属才能接受你的批评，而且在接受批评的同时，他们还会对你充满莫大的感激。

伟大的心理学家史金纳教授提出了“用激励代替批评”，他用动物和人的实验证明：当减少批评、多多激励对方的时候，

他所做的好事就会增加，而那些比较不好的事情就会因为受忽视而逐渐萎缩。激励富有一种强大的力量，它可以让人重新改变自我、发愤图强，把自己的所有精力都投入到工作的热情之中。所以，领导在面对下属出现的一些小问题、小错误的时候，要少一些批评，多一些激励，尽显善意，这样才能够让他全身心地投入到工作中，而他身上的那些小问题、小缺点会因为你的忽视而逐渐消失不见。

很多年以前，一个10岁的小男孩在一个工厂里做工。他从小就喜欢唱歌，并且梦想着当一个世界闻名的歌星。但当他满怀自豪地把自己的梦想告诉他的第一位老师时，老师非但没有给他鼓励，还怀疑地说："你根本不适宜唱歌，你五音不全，简直就像是风在吹百叶窗一样。"

小男孩很伤心地回到家里，但是他的母亲，一位穷苦的农妇却不以为然，她亲切地搂着自己的儿子，激励他说："孩子，你能唱歌，你一定能把歌唱好。瞧你现在已经有了很大的进步。"于是，母亲在生活中节省下每一分钱，送她的儿子上音乐课。正是母亲的嘉许，给了小男孩无穷的力量，也从此改变了他的一生。他的名字就叫恩瑞哥·卡罗素，他成了那个时代最伟大、最著名的歌剧演唱家。

母亲的激励与老师的批评形成了鲜明的对比，显然，母亲的"批评"是善意的；而老师的批评虽然说不上恶意，但却刺伤了小男孩的自尊心。试想，如果这位小男孩没有得到来自母亲的激励与赞许，只是沉浸在那位老师无情打击的痛苦中，那么这个世界上也许就失去了一位著名的歌剧家。

1.以激励代替批评

世界上拥有巨大成就的伟人，或多或少都因为来自身边人的一句激励的话语，才会取得举世瞩目的成绩。没有爱迪生母亲为儿子孵鸡蛋行为的肯定与赞许，也许爱迪生就没有今天的辉煌成就；英国作家韦斯特若没有得到老校长的激励，可能就没有今日那么多本畅销书，英国文学史上就缺少了不朽的一页。在生活中，给对方多一些激励的话语，少一些批评，这样才能激发他内在的潜能，从而更好地为工作效力。

2.启发式批评

批评的目的就在于下属能够认识自己所犯的错误，并且能够及时改正。而要想使下属从根本上、从内心中认识到自己的错误，就需要你从深处挖掘错误的原因。“晓之以理，动之以情”，用一些容易理解的话语慢慢启发他，循循善诱，帮助下属认识并且改正错误。

3.警告式批评

如果你的下属所犯的错误并不是原则性的问题，或者没有在犯错误的现场，作为领导，你就没有必要“真枪实弹”地对他进行严厉的批评。你可以用比较温和的话语，只是巧妙地点明问题所在；或者用某些事物进行对比、影射，只要点到为止，对他起一个警告的作用就可以了。

少一分指责，多一些嘉许，不仅会让事情做起来得心应手，也会给予对方愉悦的心情，又何乐而不为呢？我们不应该怀着自己的私心或自己对某些事物不感兴趣，就对他人的行为采取贬低或者批评的态度。少一些批评，多一些激励，也许就是你那一句微不足道的激励，就给了那些需要动力的人以无穷的力量，给那些身处逆境的下属奋勇向前的信心。

通过话语的弦外之音巧妙地表达应有之意

在日常交际中，对于一些难以启齿的需求，我们无法直接开口说出来，而是需要借助含蓄的语言才能达到表达的目的。很多时候，我们不得不向他人提出自己的所需所求，有可能是对方没有意识到的尴尬问题，也有可能是求人办事，这时候含蓄的表达效果远远高于直截了当。

含蓄表达是从侧面切入，暗中点明自己要表达的意思，换句话说，就是把话说在明处，把含义藏在暗处。在正常交际中，我们要善于用含蓄的语言来表达自己的需求，传递出话语的“弦外之音”。

王伟到总经理家请求帮忙，经理夫人热情接待了他，也很有礼貌地端茶递水。可是，说完请求后竟然高谈阔论起来。眼看天色已经很晚了，孩子也要早点儿休息，可王伟还显得意犹未尽。

于是，经理夫人收拾了一下家务，到房间对丈夫说："小王这么晚来找你，你快点儿给他想个办法，别让他总是这样等着。"又对小王说："你再喝杯茶吧。"一时之间，王伟领会了经理夫人的意思，很知趣地告辞了。

天色越来越晚，王伟还在高谈阔论，出于礼貌，经理夫人不可能直接说"今天已经很晚了，我们都要休息了，你还是早点儿回去吧"。于是，她通过含蓄的表达暗示了自己的真实需求。表面上是在帮王伟说话，实际上却传递了另外一个信息，这种因情因势的表达既给对方留了面子，又达到了自己的目的。

纪伯伦曾经说："如果你想了解一个人，不是去听他说出的话，而是去听他没有说出的话。"一般情况下，我们都不会轻易地把自己真实的意见或者想法直接说出来，但这些感情或意见却总会在我们的语言表达里体现得清清楚楚。所以，在沟通的过程中，我们不仅需要听得出别人的"弦外之音"，而且还要善于去传递自己的"言外之意"。

战国时期，楚国发兵攻打齐国，齐威王决定派能言善辩的淳先生去赵国求救。他让淳先生驾上马车10辆，装上黄金100两，淳先生听后放声大笑，连系帽子的带子都笑断了。齐威王就问："先生是嫌这些东西少吗？"淳先生说："我怎么敢嫌少呢？""那你刚才笑什么呀？"淳先生这才停住了笑声，说道："大王息怒，今天我从东面来时，看见有个农民在田里求田神赐给他一个丰收年，他拿着一只猪蹄和一坛子美酒，祈祷说'田神啊田神，请你保佑我五谷成熟，米粮满仓吧！’他的祭品那么少，而想得到的却是那么多，我刚才想到了他，所以禁不住想笑。”齐威王领悟了他的隐语，马上给他黄金1000两，马车100辆，白璧10对。最后，淳先生出使了赵国，搬来了10万精兵。

淳先生通过讲述自己经历的一件事情，暗示齐威王“拿很少的东西，却想得到更多的帮助”，并且暗示这样结果肯定是求救失败。在整个谈话过程中，淳先生并没有直接表达自己的想法，而是处处用隐语做巧妙暗示，这样既没有损害齐威王的面子，又达到了自己成功进谏的目的。

那么，如何含蓄地表达，才能让对方领会隐藏在话语中的真实需求呢？

1.通过说话方式传达自己的需求

在日常交际中，我们通常都会把自己的真实情感隐藏起来，但事实上，在我们的言谈中却时刻流露出“蛛丝马迹”。这时，说话方式便是一个透露给对方内心所想的“窗口”，说话方式不一样，所反映出的真实需求也不同，注意自己的说话方式，便能够把自己的真实需求传递给对方。例如，对他人表示不满或者敌意时，我们说话的速度就变得迟缓，而且显得比较木讷。

2.说话的表情

有的人对自己的喜怒哀乐从不掩饰，有的人习惯于不动声色地掩饰自己的情绪，所以，我们在与别人交谈的时候，要学会用表情来传递自己的真实需求，如面对同事的诉说，你表示“我当然也很关心”，但脸上却分明显得很漠然，传递着“谁有空来管这件事啊”，对方也会领会到你不耐烦的情绪。

3.巧妙穿插“暗语”

我们的表述方式与习惯会传递出某些信息，你可以在言语中穿插一些暗语，如“我会试着把这件事安排在工作进度中”，你所传递给对方的信息就是“我早就安排好了，你怎么不早一点儿告诉我呢”。

毫无疑问，在交际中我们是需要“言外之意”的，因为在很多时候说话不能太直白、太明了。例如，给上司提意见的时候不能表现得比上司还强；批评对方的不足时，不能伤害他的自尊。

莫用“你错了”，以避免无谓的对抗情绪

千万不要就不同意见和对方争辩，这样只会导致对抗，特别是谈判刚开始的时候。当双方之间的意见出现分歧的时候，不要立即反驳，那只会强化对方立场，要学会使用“感知”的方式表达自己的立场。

在适当条件下使用“他”“他们”等第三人称，避免因使用“你”“我”这种第一、第二人称导致的对抗情绪。假如对方开始有想争辩的想法，那我们可以想办法化解对方的负面情绪，如

说“我完全理解你的感受，很多人都有和你相同的感觉，但是你知道吗？在仔细研究这个问题之后，我发现……”“我完全理解你的感受，有些客户在第一次听到我们介绍时也是这么想的，可是仔细分析一下影响产品的质量的因素，他们总是会发现……”“我同意你的说法，有一些客户也是这么说的，可是实际使用后，他们发现，很多影响质量的因素并不是那么明显，如……”

有一个学员，做汽车推销工作，但是他做得很不如意，于是向别人寻求帮助。结果，别人稍微一试探，就发现他有个毛病——喜欢与人争辩。他经常和客户争论不休，粗暴地反驳客户的观点，每当客户对他所介绍的汽车进行挑剔的时候，他便怒火中烧，毫不客气地大声争辩，一直弄得客户哑口无言为止。尽管他嘴上赢了，却没有人再敢买他的汽车。

于是，有人告诉他，首先要做的不是学习什么谈话技巧，而是压制自己喜欢争辩的个性，应该清楚这是做生意，不是总统竞选。即便心里有什么不同的意见，或者发现对方有明显的错误，也应该保持冷静，以一种温顺与谦和的口气加以解释，千万不要直接指责。

他耐心听取了建议，在这之后就尽可能不与别人争辩了。如果客户说别的汽车怎么怎么好，他就一言不发，先恭敬地听完，然后说：“那款车确实不错，质量很好，风格时尚，他们公司的推销员也很棒！”客户得到了认同，自然也就无话可说了。于是，他就趁此机会开始介绍自己的汽车了：“这款车其实也不差……你看……”就这样，他销量很快就上升了。

当你与对手开始争辩的时候，或许你的观点是正确无误的，不过，当你强迫别人改变观点的时候，你将一无所获。其实，正确与错误本身没有多大的意义，观点是个人的，每个人都有坚持自己观点的权利，即便是错的，你也没必要让别人都听你的。

纳森是一名所得税顾问，最近因为一项9000美元的账目问题，他与一位税收稽查员发生了点儿争执。纳森认为这是应收账款里的一笔呆账，根本没办法收回，所以不应该征税；而稽查员却始终不相信，认为他在耍花招。纳森越是争辩，稽查员越是固执。

于是，纳森决定改变话题，尽可能不刺激稽查员的敏感神经。他说：“和你比起来，我做的这些工作简直是微不足道。我也曾研究过税务问题，但那都是书上讲的，枯燥乏味，我对此一知半解。而你的知识和经验却全部来自业务实践。所以，其实我很想请教一些这方面的问题……”他说得很认真。

稽查员听完，气也消了很多，开始友善地谈起自己的工作，还说了许多人偷税漏税的花招，他十分反感这些人。聊着聊着，他的口气越来越友善，最后甚至兴奋地聊起他的儿子来。临走时，这位稽查员对纳森说：“我会认真考虑你的意见和问题的，并在这几天之内给出结果。”果然，3天之后，他来告诉纳森说：“我不再征收那9000美元的税了。”

其实稽查员争论的并不是谁对谁错的问题，他总是觉得自己是稽查员，自己就是权威，他要的是一个面子。假如在工作过程中，竟然有一个人与自己争辩，那自然会让他没了面子。所以，不争辩，就是给对方面子，给别人面子，给别人自尊，是一种聪明的做法。

1.不要说“你错了”

苏格拉底说：“我只知道一件事，那就是我什么也不知道！”在谈判过程中，对于别人错误的观点，应该抱着更多的宽容和理解，而不是说“你错了”。我们可以这样说：“嗯，可能是这样的，不过我还有另外一种想法，不知道对不对……不对的话还请指正。”这样说，反而会收到很好的效果。

2.谦逊一些

假如我们能谦逊地说可能是自己错了，那对方自然也就不好意思再固执了，这其实就是一个双方的妥协。

多关注自身成长，莫议他人是非

喜欢在背后论是非的人，尽管对别人能够明察秋毫，对自己却没有清醒的认识，越是喜欢论人是非的人，其本身越存在许多缺点。但这些人从来不作自我批评，完全忽略自己的缺点。

在生活中，大多数人都会有这样一个通病：关注自己太少，关注别人太多，而他们所关注的恰恰是别人的隐私。不可否认，好奇心是人的天性，每一个人都有窥探别人隐私的欲望。但是，在人际交往中，那些所谓的秘密，还是少知道、不知道为好，尤其是别人的隐私。将那些四处打听别人隐私的精力和时间花在关注自己的身上，看看自己是否工作退步了，是否生活颓废了，如此你的心灵才会得到前所未有的释放。

如果你知道了别人的隐私，你也就有了保守别人隐私的责任。那些告诉你秘密的人多了一份对你的顾虑，担心你会将他的秘密泄露出去。如果有一天秘密被泄露出去了，即使你根本没有说过，但也脱不了泄密的嫌疑，成为被唾弃的对象。而且，一旦你陷入窥探别人隐私的泥潭中，将会千方百计地打探别人的隐私，甚至，会为某些无意中得到的小道消息而睡不着，纠结、兴奋、痛苦，心里有一种说不清、道不明的滋味。此时，你的心灵已经承担了重负，无法轻松起来。

阿美是出了名的大嘴巴，她总喜欢跟自己的好朋友分享一些“新闻”，如谁又离婚了、哪位同学又傍了个大款、谁的老公在外面又有外遇了等。阿美总是热衷于这样的话题，似乎看着别人家庭的不幸就是自己最大的快乐。只要一有风吹草动，阿美就急忙约上闺密一起谈论这些事情，并在一起讨论、分析。

有一次，她在外面喝茶的时候，偶然看见办公室同事琳琳的老公正与一位年轻貌美的女子喝茶。阿美想起琳琳平时总是心高气傲，还逢人就夸自己老公如何如何能干，现在看到她老公做这样的行为，阿美不禁暗暗发笑。次日上班的时候，阿美就跟办公室的同事分享了这一“新闻”，正在大家说得津津有味的时候，琳琳脸色阴冷地走了进来。原来，琳琳在卫生间的时候正巧听到了阿美跟同事说起这事，到了办公室又听见阿美更加放肆地谈论此事，心高气傲的琳琳怎么能容忍整个办公室的人都在谈论自己老公的桃色新闻呢？

琳琳当天就请假回家了，之后一直没有来上班，有人说她辞职了，也有人说她离婚了。而办公室的同事看见琳琳的遭遇都对其报以同情，对谈论他人是非的阿美就开始敬而远之了。

像阿美这样总是关注他人的隐私、喜欢在背后说三道四的行为，无疑是让身边的人十分憎恶的。一个沉默无言的人会很好地融入人际交往中，而那些口若悬河，满嘴流言蜚语，甚至口出是非之言的人则会成为大家厌恶的对象。

不该打听的事情不要去打听，不该说的话千万不要随便乱说，尤其是他人的隐私问题，更需要谨慎对待。即使你无意中听到了他人的隐私，也不要到处张扬，更不能逮着一个人就说，每个人都需要一个自由的空间，你的尊重或许会换来他对你的信任。

小松性格比较内向，平时在公司也不善言辞，都快被上司和同事忽略了而他也自得其乐，总是一个人默默地坐在办公室的角落里，只专注于做好自己的分内工作。

这天，他把手上的工作做完时已经过了下班时间了，偌大的办公室就只剩下他一个人了，他一边收拾东西一边哼着歌，突然想起来有一份重要文件还在主管办公室。于是，他轻轻地推开了主管办公室的门，但他却愣在门口。办公室里，主管正亲热地搂着助理，小松手足无措，愣了一会儿，飞也似的逃离了办公室。

第二天，小松装作若无其事地来上班，他从来不喜欢去打听别人的隐私，即使无意中看到了也会缄默不语。在办公室碰到主管和助理，他也像什么事情都不知道一样。

过了几天，办公室并没有出现什么流言蜚语，主管开始重新审视小松的工作能力，并开始慢慢重视他。

虽然，小松无意中知道了主管和助理的隐私，但是他并没有把自己的所见所闻告诉其他人，而是选择了沉默，全身心关注于自己的工作。其实，道理就是这样，有那么多空余的时间去打听别人的隐私，还不如将那点儿时间充分地利用起来，用在工作上、学习上。

如果你想在人际交往中成为一个受欢迎的人，就学会关注自己，千万不要去关注或谈论他人的隐私。如果你无意中知道了他人的隐私，最好的处理方式是三缄其口，把它永存心底或者忘了它。

谈话中为他人留有余地，受益的终将是我们自己

生活中，我们经常会看到一些“耿直”的人，双方为了一些

矛盾或分歧而争得面红耳赤，谁也不肯相让，最终不欢而散。有时看似某一方占得上风，实则双方都已处于一种尴尬的境地，谁也没有说服对方，谁也没有真正的台阶好下。其实，想要说服对方，并不一定要据理力争。有些时候，我们主动退让一步，为他人留有余地，反而会收到意料之外的效果。

廉颇和蔺相如的故事，千百年来传为佳话。故事中蔺相如那谦谨的风度，更是让古往今来的人交口称赞。

战国时期，赵国惠文王无意中得到了和氏璧。秦王听闻，假意以15座城池换取和氏璧。蔺相如受命使秦，最终凭借自己的才智和胆略不辱使命，完璧归赵。不久后，秦王、赵王渑池相会，蔺相如又随机应变，据理力争，为赵国在强秦面前赢得了尊严。此后，蔺相如深受赵王重用。

赵国大将军廉颇因此深感不满，于是经常在他人面前贬低蔺相如，还放话说如果遇到蔺相如，定要叫他“好看”。

这些话传到蔺相如耳中后，他非但没有动怒，还主动“退避三舍”，处处躲着廉颇，连他手下的人也被要求对廉颇的下人以礼相待。下人心中不解也不服，便问蔺相如为何权位高于廉颇却还要处处退让。蔺相如表示，这并不是因为怕廉颇，而是为了防止赵国内耗。他和廉颇犹如两只猛虎，震慑着秦国。为了维护国家的利益，他不能与廉颇计较。

蔺相如的话宛如给了廉颇当头棒喝，让他幡然醒悟；他将廉颇与自己等同视之，也给了廉颇一个大大的台阶。廉颇负荆请罪，向蔺相如赔礼，两人就此冰释，并成为莫逆。在二人的共同辅佐下，赵国10年未受强秦骚扰。

如果想要说服的对象是我们的亲人、朋友，很多人都会主动地放下身段甚至偃旗息鼓，不断地告诉自己事缓则圆，愿意在日后以一种温和的方式令对方信服。其实，在社交中面对不熟之人甚至是“敌人”时，我们更应该主动为对方保留面子，给对方铺设台阶。你的宽容体贴，会让更多的人感受到你的善意，感受到宽广的胸怀。

在人际交往中，从哪些方面着手，才能更好地为人留面子、铺台阶呢?

1.把自己当成别人去思考

人与人之间的很多矛盾大抵产生自“我就是真理”和“你满嘴歪理”。其实，当我们抱怨别人“不懂事”“不讲理”时，自己的立场就一定正确吗?即便我们的观点无误，对方的观点就一定是谬论吗?所以说，只有当我们能站在对方的立场去思考、体会对方的心情和处境时，才能给予对方更多的包容和理解，才能及时停止战火，以和平的方式解决争端。

2.把别人当成自己去对待

“我凭什么那样待你”和“你凭什么这样待我”，也是人们之间的矛盾之源。如果每一个人都能把别人当成自己那样去理解、去包容，世上的很多摩擦和分歧便不复存在了。当然，要所有人都做到待人完全如待己并不现实。但至少，我们可以尽量善待他人、理解他人，在他人的立场上体会他人、包容他人。你的善意即使换不来对方同等的回报，但至少能够消除他的抵触情绪，让说服工作变得顺利。

3.看清具体情势再出手

当双方陷入争执时，局面很容易因为双方激动的情绪而陷入紧张。这个时候，我们不能指望对方先缴械，而应先让自己的情绪平复下来，继续争执无益于问题的解决，更无益于你的人际关系。而平复情绪后下一步行动，则应根据对方的情况来判断、选择。若对方情绪仍较为激动，不妨按兵不动，以一种温和的态度等待他平息；若对方的情绪也得到缓解，我们应及时主动示好，提出更好的建议解决争端。

第 11 章

管好自己八卦的嘴，人前人后不议他人是非

◎ 尊重别人就是尊重自己

◎ 避免成为说闲话的小人

◎ 学会为他人保守秘密

◎ 熟识人际交往中的禁忌

◎ 得饶人处且饶人，留有余地才能维护好人际关系

◎ 言语忌尖酸刻薄，要为他人留面子

尊重别人就是尊重自己

生活中，几乎每个人都想得到他人的尊重。这是因为，每个人都有自尊，都希望自己能够体体面面地活着。即使是处于社会生活最底层的乞丐，在乞讨时也希望得到应有的尊重，这样他们才能觉得自己并没有失掉做人的尊严。每个人都切切实实地希望在保证生存所需之余，拥有尊严和体面。那么，你在渴求得到尊重的同时，是否首先给予他人尊重了呢？这里就不得不提到一个很矛盾的现象，即有些人虽然渴望得到他人的尊重，但是却不能主动给予他人应有的尊重。如此一来，生活岂不是陷入了可笑的不平衡中了吗？世界上的万事万物都有其自身的规律，人际关系也是如此。唯有保持这种平衡，我们才能更从容地面对他人，实现最本真的自我，找到最纯粹的幸福。

说起来，尊重只有简简单单的两个字。然而，这两个字却蕴含着深厚的情谊。无论地位是高贵还是卑贱，唯有尊重，才能让社会各个阶层的人感受到切实的平等。不知道你们是否留意街边的乞丐，当你给他施舍时也给予了他友善的微笑，他一定非常高兴，甚至比得到很大的施舍更高兴。这就是尊重的力量。

很多细心的人都会发现，对于生活中那些自暴自弃的人，批评和指责往往使他们更加沉沦。然而，如果你能够给予他足够的尊重，给予他自主的权利，他反而会宛若新生，努力地生活。这也是尊重的力量。既然尊重如此神奇，既然每个人都想得到尊重，那么，你完全可以先给予别人尊重，然后再自然而然地得到他人的尊重。正如古人所云，己所不欲，勿施于人。同样的道理，己所欲，也应该先施于人。当你给予别人应有的尊重，以友善之心对待他人时，他人自然也会以同样的尊重回馈于你。尊重体现在哪里呢？体现在你的笑容、你的态度中，也体现在你的言辞里。一个真正懂得尊重他人的人，从来不会毫无缘由地对人大喊大叫，也不会不顾及他人的感受而颐指气使。当你学会温言细语，当你学会耐心地劝说和讲解时，你就懂得了什么叫作尊重。

在夏日的某一天，丁某开车带着妻子和小姨子去郊外游玩。然而，在快到目的地时，他因为拐弯时不注意，剐蹭到一名骑电动车的老乡。停车下来检查情况时，和丁某同行的小姨子态度非常恶劣，不但没有首先查看老乡的伤势，反倒反咬一口，指责老乡不长眼睛。这样的态度和言辞让围观的人奋起而攻之，甚至自发组织起来围困住丁某一行，阻止他们离开。

后来，警察赶到现场，了解了事情的始末。毫无疑问，丁某负全部责任。这时，闻讯赶来的老乡家人，看到丁某的小姨子出言不逊，便与之争吵起来。因此气氛非常紧张，斗殴一触即发，考虑到丁某一行三人势单力薄，警察不得不先下手为强，把当事双方请进了派出所。等到双方冷静下来后，警察展开说服教育。这时，老乡说：“本来，我并没有想把动静搞得这么大。但是，车上的女子一下车就出言不逊，还非得逼我承认是我的责任。我当然不争馒头争口气，只得请出你们来主持公道。原本，我这点儿小伤去医院拍个片子就可以了，但是，她既然蛮不讲理，我就要为自己争取权利。我要求他们带我去医院检查，还要负担我的误工费，等等。”后来，在警察的协商下，丁某小姨子郑重地给老乡赔礼道歉，并赔偿了检查费用才得以脱身。

原本是一次非常快乐的出行，小的剐蹭也并没有太大影响，丁某小姨子的出言不逊却导致这个意外事故愈演愈烈，最终惊动了警察，折腾了一整天才宣告结束。如果不是警察及时赶到，丁某一行说不定会被愤怒的老乡教训一通。毕竟，不管是城里人还是农村人，都应该讲道理、以诚信为本。当自以为聪明的丁某小姨子先发制人时，她无形中已经处于劣势。

生活中，没有谁比谁更高贵，在尊严面前人人平等。世界这么大，人们就像是各不相同的树叶，每个人都有自己的性情和习惯。当发生摩擦和碰撞时，千万不要因为一时冲动而口不择言。要知道，说出去的话就像泼出去的水，即使想收回也有心无力。既然如此，为何不在话脱口而出之前，认真地想一想哪些话是该说的，哪些话是不该说的。只有把握好自己的嘴巴，说出让人听起来入耳的话，事情才能得到更好的解决。

避免成为说闲话的小人

不要让别人认为我们是说闲话的小人。所谓静坐常思己过，闲谈莫论人非。在背后议论别人本身就是一种不道德的行为，为人所不齿。所以，在生活中我们说话的时候一定要注意，对那些没被证实的事，千万不要乱说，免得让别人对我们产生看法。

闲暇之余不要拿别人的一些问题说个不停，尤其是当你津津乐道的时候，你已经成为一个说别人闲话的小人，这样的人在人际交往中是不会受到欢迎的。所以在交往中要注意什么该说什么不该说，尤其是别人的闲言碎语，这些闲话虽然有时候能够调动他人的一些兴趣，吸引人们的注意力，但是，反观人们对你这个人的印象却是一个喜欢说闲话的小人，从而对你加以提防，以免背后说自己的闲话。

1.闲话真真假假坏人名声

其实说人闲话是一个非常不好的习惯，人们在无聊之余往往会不由自主地拿别人的一些琐碎小事讲个没完，借以消磨时间，殊不知，这种做法很卑鄙。

老郑是一名退休工人，小伟是一家商贸公司的职员，两个人住得很近，所以经常在一起闲聊，开始一般聊国家大事，然后转至上到天文下至地理，可是聊着聊着话题就转移了。老郑指着不远处的一个人说："那人都30多岁了，怎么还没结婚？"小伟狡黠地一笑，说："是不是讨厌女人？"老郑说："不会吧，听隔壁王太太说，前几天还看见他和情人在那片树林里散步呢！”小伟立刻坐直了说：“听说以前他是个同性恋。”老郑说：“那倒不至于。只不过有点儿二百五。”

两个人的谈话无形中达成了一种共识，就是不远处还没有结婚的那个人是个有问题的人，这样一来，他们二人就会非常自然地和周围的人讲那个人有问题，时间久了，大家就会形成一种刻板的印象：这个人有问题。这个人自己还没有来得及辩解，就已经被贴上了“有问题”的标签，名声在无形中被损坏了，而他自己还不知道。

2.闲话损坏自身形象

说闲话可以消磨时光，寻找乐趣，而且不用负责任，可以不着边际地说，然而这种行为不但损害了他人的形象，而且无形中也让自己的形象受损。很多时候，一个说闲话的人如果招来越来越多的听众，他就更起劲儿了，会把小事无限夸大，甚至吐沫横飞，殊不知，听众已经流露出鄙夷的眼神了。闲话过不了多久就会被人们忘得一干二净，但是这个被说的人的形象却一直存在于人们的内心中，自己的形象也在潜移默化中被丑化了。

3.趣味高雅不落俗套

“闲话”二字给人们的印象就是贬义词，因为说闲话的人往往会通过贬低别人来抬高自己，显示自己有多么能耐。所以这样的趣味显然是低俗的，往往难登大雅之堂，所以要想在人际交往中受欢迎就不能总是用低级趣味去迎合他人，而是要做到高雅，这样才能让人感受到你的层次，从而愿意与你交往，这样才能聚敛自己的人气。

4.要时刻提醒自己

任何人都希望能从别人那里获得好评价，但是也可能成为别人闲话的对象，所以平时要时刻提醒自己，不要讲别人的闲话，要想听到别人对自己做出“能干”“好人”“值得信赖”之类的评价就要对别人给予同样的评价。总之，不要让自己成为说闲话的小人。

学会为他人保守秘密

一般来说，如果别人愿意对我们袒露心扉，就说明在别人的心目中，我们占有很重要的位置。最起码我们让别人觉得可以信任，所以，别人才会把自己的心里话说给我们听。如果我们把别人的秘密说出去，就相当于辜负了别人对我们的信任，所以，对别人的秘密要守口如瓶。

1.泄密心理

人们之所以会不顾一切把得知的秘密说出去是有原因的，因为人们在不同的时刻、不同的环境中，心理活动会有差异，行动的方式自然就会因时而异。泄露秘密的心理往往有以下几种。

首先，欲望和利益。人们面对各种诱惑时，内心的活动是十分复杂的，不过因为欲望的膨胀和对利益的追求，人们的理性往往会被感性所代替，所以最后选择了把秘密告诉诱惑自己的人。

其次，选择释放。保守秘密本身是一种非常有难度的行为，因为一个有秘密的人偶尔会有很大的压力。无论是男性还是女性，在面对形形色色的社会关系时，都难免会有把秘密说出来、释放压力的冲动，所以很多时候说出秘密是他们缓解压力的一种手段。

最后，好奇心强，责任感弱。一些人总是有很强的好奇心，再加上责任感相对较弱，就会拿自己掌握的秘密去换一些自己感兴趣的东西。

2.保守秘密与健康有关

保守秘密不仅是一个人的品德问题，还可能关系到一个人的健康问题。

习惯于保守秘密的人会用一种处事不惊的态度来面对问题，所以，这样可以练就良好的心理素质，对人的身心健康是非常有益的。

3.泄密可能触碰法律

不能够保守秘密的坏处不仅在于会损害他人的利益或者让自己的名声受损，而且很多时候会触碰法律，以致犯法。

李硕的邻居邓某因患不孕症，10年前经李硕收养了一个不满两岁的女孩。邓某夫妇把这个女孩视若己出，一家人生活得亲亲热热。邓某希望这件事成为永远的秘密，邻居们也都守口如瓶。

可是有一天，这个已经11岁的女孩子忽然来找李硕，询问她的亲生父母是谁。李硕从小姑娘的问话口气里推断出她已经了解了部分真相，与其遮遮掩掩，还不如彻底透明了好，于是就把整个过程都告诉了小姑娘。不料过了一段时间，李硕忽然接到了法庭的传唤书，说邓家夫妇把他告了，说他侵犯了他们的“隐私权”。我国有关法律规定：“收养人送养人要求保守收养秘密的，其他人应当尊重其意愿，不得泄露。”李硕作为“其他人”之一，有义务为其保守秘密。

从这个案例中不难看出保守秘密的重要性，很多时候在自己想法的驱使下说出的秘密往往会触碰法律，所以，要三思而后行。

一个人要学会为他人保守秘密，这样才能做一个值得别人信赖的人，否则只会降低自己的信誉度，是不会受欢迎的。

熟识人际交往中的禁忌

人际交往中禁忌话不能说。所谓禁忌话，通俗一点儿说，就是这些话是别人最不愿意听到的，或者根本不想提及的，说出来会让对方觉得很尴尬，也让双方的谈话无法再进行下去，甚至别人还会对我们产生反感，认为我们不会说话，缺乏修养。

人们交往中有很多话是不能随便说的，即使是熟人之间聊天也需要注意，不是想说什么就能说什么。

1.开玩笑要有度

朋友之间聊天，开个玩笑是非常正常的，因为开玩笑可以调节气氛，能够使彼此间的关系更加融洽，可以增进友情。但是开玩笑是讲究艺术的，要因人而异、因时而异、因地而异。

首先，拿相处的对象来说，要视其性格、脾气开玩笑，要保证你的玩笑在他们的接受范围之内。像那些活泼开朗、豁达大度的人，可以把开玩笑的程度加重一些，也就是尺度可以大一点儿。而对那些平时不怎么讲话，性格较为内向，对什么事都比较认真的人，就不能随意开玩笑，因为很可能你的一个无心之举就影响了他的心情。另外，他会因为对凡事都非常认真而与你计较，这样对你来说就得不偿失了。

其次，同样的一个玩笑对这个人可以开，对另一个人可能就不适合开。另外，一个人在不同的时间情绪是不同的，所以他在心情好时不会计较，但是在心情不好的时候保不准会和你计较，所以开玩笑要因时而异，以免弄巧成拙。

最后，在一些比较庄重的会议或者活动中，抑或一些悲伤的氛围中，都不适合开玩笑。例如，你去看望病人、去参加追悼会等，切忌开玩笑。所以开玩笑要因环境而异。

2.讲话情调要高雅

人们在一起聊天，难免要讲一些能够吸引他人注意力的段子，这时要注意的一点就是所讲的内容一定要健康、高雅，富有情调。有些人喜欢用一些比较低俗的段子来吸引人们的注意力，或者拿别人的生理缺陷或者其他的短处来开玩笑，以博得大家一笑，可是事后人们会觉得非常低俗，对这个讲段子的人印象会很不好。所以在讲段子时要注意所选择的内容能够使听众受到教育、陶冶情操，这样的谈话才能够给他人留下高雅隽永的印象。

3.不要用恶语伤人

很多人因为受到刺激而控制不住自己的情绪，失去理智，然后说很多污言秽语来辱骂或者挖苦让自己出丑的人。其实这样做的坏处是非常多的，首先，会伤害人们的感情。其次，是非常不礼貌的。最后，会严重影响自身形象，使自己成为一个不受欢迎的人。

俗语说：“良言一句三冬暖，恶语伤人六月寒。”所以在社交活动中要尽量控制自己的情绪，要做到三思而后言。在生气或者发怒时，让自己冷静三秒再说话。每说一句话都要过脑子，要思考，这样才能消除误解，才能让对方看到你的度量，从而对你佩服有加。

4.言而有信要牢记

自古就有“一诺千金，一言百系”“一言既出，驷马难追”的说法。在社会交往中，要记得自己说出的每一句话都是需要自己负责的。所以不要因为一时高兴就随便讲话，要知道自己的话语关系到自己的声誉，要懂得做一个言而有信的人，进而让别人相信你，尊重你。

社交中还有很多的禁忌，需要人们多多注意，即使是熟悉的人，在讲话时也不能口无遮拦，想说什么就说什么，要以促进彼此的感情为目标，好好地斟酌自己的话语，使人际交往更加成功。

得饶人处且饶人，留有余地才能维护好人际关系

自古以来，任何事情都逃不过一个“理”字。人们在做任何事情时，都会讲究“理”。那么，“理”是什么呢？是法律，是纲常，是道义，是辛勤的劳动人民在几千年间总结出来的生存智慧。以法律为例，在法治社会的今天，人们不管是做人还是做事，往往以法律为约束，很少有人故意做违法乱纪的事情。正因为如此，社会生活才有秩序和安定可言。然而，民间还有一句话，叫法不外乎情理。这句话的意思是说，虽然法律铁面无情，但是依然要考虑情理的因素。从这句话不难看出，在老百姓心目中，符合情理甚至比单纯地遵守法律更重要。

生活中，很多人都因为占理，时时处处不饶人，总是想证明自己是对的，他人是错的。仔细想想，即使真的证明了你的正确和他的错误又有什么意义呢？做事情时，我们一定要清楚自己的目标。要知道，你的终极目的不是争个对错输赢，而是让对方心服口服。既然这样，为何不在讲理的同时主动退后一步。这样一

来，既显得你高姿态，也能够打动对方，让其主动认识到自己的错误，努力改正。如此一举三得的好事情，何乐而不为呢？古人云，高一步立身，退一步处世。这句话是非常有道理的。人生一世，哪有人会一帆风顺呢！尤其是与人相处时，难免会有些磕磕绊绊的不愉快。在这种情况下，与其偏执地讲理失去人心，不如大度地后退一步，以退为进。

壮壮大学毕业后，很想去大城市闯荡。虽然在省城读大学的他已经被录取进银行系统，但他还是想搏一搏。听说壮壮的想法后，爸爸妈妈都很担心。归根结底，他们只有壮壮一个儿子，不想让他走得太远。尤其是爸爸妈妈中年得子，壮壮大学毕业之际他们已经60多岁了，很希望壮壮能够留在他们身边多多照应。

刚开始时，爸爸非常生硬地对壮壮说："壮壮，养儿防老。我和你妈辛辛苦苦把你养大，不是让你不管我们的。总而言之，我们不同意。"看到爸爸的态度这么生硬，壮壮也起了逆反心理。他说："你们养育我，难道就是为了剪掉我的翅膀吗？"壮壮的反驳不无道理，爸爸只好不再争执。看到爸爸做思想工作的效果不好，妈妈打起了感情牌。她说："壮壮，如果你坚持去大城市，我和你爸爸只能支持你。只是，我和爸爸年纪都大了，我有高血压，你爸爸有糖尿病。也怪我们，如果我们现在50来岁，那么你尽可以到处飞。就是我们太老了，拖累你了。你去吧，我和你爸爸会相互照顾的。"听了妈妈的话，壮壮心里很难受。看着满头白发的妈妈，壮壮说："妈妈，我会慎重考虑的。"最终，壮壮选择留在了省城的银行工作。毕竟，银行的工作非常稳定，福利待遇也很好，这让他能够给予父母更安定快乐的晚年生活。

爸爸的话虽然有道理，但是这样明显的讨债态度让壮壮很难接受。很多时候，不是有理就能成功说服他人的。反而是妈妈，她和颜悦色地肯定了壮壮的想法，又进行了自我检讨，觉得自己拖累了孩子。这样温言细语地说下来，壮壮反而意识到了自己身上的责任，也能够更慎重地考虑去留问题，最终做出了让父母满意的选择。

常言道，晓之以理，动之以情。对于理智的人，从道理上说通即可。对于感性的人，一味地讲道理则不如以情动人，打动他的心。现代社会，人际关系被提升到前所未有的高度。要想玩转职场，快乐生活，我们就必须提高情商，学会以情动人，以理待人。

言语忌尖酸刻薄，要为他人留面子

中国人历来比较注重面子，在官场上、酒桌上、社交场合中，人们都把自己的面子看得比什么都重要，誓死捍卫自己的面子。“面子”这个古老的中文词汇在它诞生之初就有了非比寻常的意义，以至于我们很多人无法不重视它的存在。当人们在无法判断某人的才华能力或权力地位的时候，就会观察其是否能博得面子来判断其为人。于是乎，就诞生了这样一句话“交际场上，面子大过天”，大多数人都明白这样的道理，自然也就懂得了在交流沟通时维护他人的面子。

可是，某些人偏偏不认这个死理，说话咄咄逼人，信口开河，丝毫不顾及别人的情面，以至于闯下大祸。在日常交际中，最忌讳的是沟通出问题，本来只要见好就收，对方也就不再声张了，可有的人就是嘴巴闲不住，硬是多说了那么几句或一句，结果，扫了对方的面子，搅黄了整个沟通，而且，也得罪了对方，简直是得不偿失。所以，在某些交际场合，你想表达什么观点或意见，尤其是涉及情面的事情，见好就收吧，别不留情面。否则，苦头只有你自己吃。

1.给对方留面子，就是给自己面子

许多人不知道这样一个道理，给对方留面子，其实就是给自己面子。可能现阶段对方的处境并不怎么样，但是，你也没必要赶尽杀绝，硬是要扫了他的面子。凡事多与人为善，今天你给对方留面子，日后他肯定会把这面子留给你。

2.避开对方的敏感旧事

隐私就是不可公开或不必公开的某些事情，有可能是缺陷，有可能是秘密。因此，我们在进行语言交流的过程中，需要避开彼此的隐私，即使无意中提到了那么一两句，也需要见好就收，别不留情面。

3.得饶人处且饶人

在生活中，有可能会出现这样的情况：对方无意之中犯下了错误，而你揪着对方的错误不放，说话越来越过分，丝毫不顾及对方的情面。其实，不管对方是无意的还是有意的，既然错误已经发生了，再说那么多也于事无补，所谓“得饶人处且饶人”，批评的话也见好就收吧，别不留情面，他日对方若有了出头之日，定会向你讨这旧耻雪恨。

第 12 章

辨识沟通中的陷阱，运用妙语化解尴尬

◎ 巧用妙言，远离陷阱

◎ 四个实用交际小花招教你摆脱各种语言陷阱

◎ “难得糊涂”往往是扭转被动局面的良方

◎ 及时挽救言语失误的三个小妙方

◎ 话里藏话的沟通技巧是自卫的利器

巧用妙言，远离陷阱

面对形形色色的交际对象，不能用某种固定格式语言来应对，学会随时、随机、随人而应变的技巧对于我们格外重要。在表达技巧上则表现为口齿伶俐，既要具备快速而清楚的表达能力，又要有高度灵活的应变措施，这样才能更轻易地避开别人语言中的陷阱和捉弄。

预备一些固定的语言小技巧，可以让自己出口的话更具有灵活性，更不容易被抓到话柄而陷入对方的陷阱，被对方捉弄。

1.给对方的捉弄找个高尚的理由

几个正在打闹的小伙子，在人群中摘下了一位姑娘的帽子，一边抛起，一边观察姑娘的反应。这时候勃然大怒显然是正中下怀，姑娘不紧不慢地说："我的帽子很漂亮吧？"小伙子捉弄地笑道："当然，和你一样漂亮。"姑娘接下去说道："你是不是想仔细看看给自己的女朋友也买一顶？"小伙子终于不好意思了，只好顺水推舟："是啊，现在看完了，还给你。"

有时候别人的捉弄并没有恶意，只是一时兴起，或者玩闹过头，这时候完全没有必要动怒，不妨给对方的行为找个好的理由让彼此都有台阶下，避免自己难堪尴尬，也显得自己有风度。

2.巧妙转变话锋

当感觉对方的话锋开始不怀好意或者针对你时，及时转变话锋或话题能够避免落入对方的陷阱。某办公室八卦女在吃饭时兴致勃勃地说道：“昨天你们办公室主任和小王吵得可精彩了，整个办公区都可以听到。”然后问身边的女孩子：“你听到没有，知不知道为什么？是不是主任抢了小王的功？”

这时候怎么回答显然都不合适，于是女孩子话锋一转：“这么说你知道，是吗？”八卦女接话：“我也是听说的”。“耳听为虚，经过这么多人传话，说不定早传变形了。”巧妙地转变话锋，避免了让自己卷入旋涡。

3.赞扬别人不忘眼前人

《红楼梦》中王熙凤赞美黛玉的时候就捎带上了三春，“真有这样标致的人，我今儿才算见了！况且这通身的气派，竟不像老祖宗的外孙女，竟是个嫡亲的孙女。”夸赞林黛玉漂亮的同时，夸她像亲孙女一样，等于夸赞三春也一样“标致”，可谓个个不落地讨好了。

在人面前赞美他人，或吹嘘自己最好也捎带上对方，以免别人听了心理不平衡而向你发难，这样赞此捧彼更不容易给自己设置陷阱。

4.说话灵活易变动

说话有一定的灵活机动性，在交谈中很重要，否则就很容易被捉弄。例如，接受别人的邀请，而无法确定具体时间，就可以灵活地说："在十一前后，我去一趟吧，到时打电话给你。"或者"这个月什么时候方便，一定聚一聚"。就给自己争取了很长的一段时间。面对别人"你觉得怎么样？"的问话，如果不方便表示自己的态度或观点，或不好发表意见，就可以简单地回答："这件事我听说了""我注意到了"而不要表明自己的态度或观点，就拥有了话语的主动权。

5.以彼之道还施彼身

当对方无理挑事时，可以恰当地抓住对方语言的破绽，以其人之道反治其人之身。在某次作家见面会上，一个小伙子笑嘻嘻地对女作家说："听说你写了60多部作品，真高产啊！"女作家不设防地说："是的。"小伙子接着讽刺道："我能知道是谁帮你写的吗？"

女作家笑笑反问："这60多部作品你都看过吗？"对方不明所以地点点头，"那我能知道是谁帮你看的吗？否则怎么会看不出作品风格的一致性？"此法的"巧"处在于抓到对方话语中的"漏洞"，一举扭转乾坤，避免了落入陷阱。

学会这些技巧，不仅仅是为了保护自己的人格尊严，更重要的是"杀鸡儆猴"，让别人清楚自己有一张"巧嘴""利嘴"，捉弄自己往往会使对方狼狈不堪，而让人再也不敢轻辱于你。

四个实用交际小花招教你摆脱各种语言陷阱

面对形形色色的人，要根据不同的对象表达各种各样的感情，因而不可能会有事先被固定好的格式。所谓的“小花招”，是指深谙因人而异、随机应变的技巧。如果在关键时刻没有要点儿语言小花招的本事，是不能真正地把事处理好的。发生在职场上的语言陷阱数不胜数，很多人陷入此种困境后无力自拔，要么撒泼，要么沉默，要么失去理智以拳相向，这些都不是解决问题的好办法。

为了避免可能的语言陷阱在我们身上重复发生，最好常备一些有针对性的小花招，这样你掉入陷阱的可能性就会大大减少。

1.巧转话锋

正如人不会十全十美一样，口才再好的人也不可能每回都成为赢家。语失、口误，这是在职场中常常会碰到的事，碰到这类情况，最好的办法就是以调侃方式巧转话锋。即对一些看似简单却不易回答的问题以“动脑筋，急转弯”手法进行似是而非的迂回性的语言应对。

运用巧转话锋术，可以使你从窘态中自我解脱，即使遇到一些难题让你无法作答，你也可以巧换话题，分散和瓦解对方的注意力攻击力。

2.吹此捧彼

我们曾听到有些人发出类似的感慨：在职场说话不能说得太

绝，说得太绝，没了余地，那是给自己断了后路。说话留点儿余地，一旦遇到突如其来的情况，要改口也就不那么困难了。当你忘乎所以地只顾把自己吹得天花乱坠时，可别忘了身边随时会有人听了心理不平衡而站出来向你发难。假如你在说完自己后，再迎合对方的平衡心理而顺便捧对方几句，就容易过关了。

3.顾左右而言他

在职场经常会碰到难以解答的事，甚至有时候会让你猝不及防。而这时候，你明知问题本身就是陷阱，该做什么选择呢？要耍小花招吧——顾左右而言他。

有些老板喜欢听手下说薪水不够，因为他以为抓住了你的“软肋”，对你施以小恩小惠你就会甘心为他服务。但有的老板则会由此想开去：“不对嘛，开销这么大？花自己的钱都这样，花公司的钱不就更……”所以遇到此类事，最好是顾左右而言他。

4.以谬制谬

当对方无理挑事时，恰当地抓住对方语言的破绽，以其人之道反治其人之身，这种即时地以谬制谬术只要用得贴切合理，就会让人哑口无言。

“难得糊涂”往往是扭转被动局面的良方

假装糊涂的方法大体有两个：一个是闪烁其词，也叫闪避法；一个是所问非所答。现实生活中，人们在进行言辞交往时，经常会碰到一些自己不能回答或不便回答的问题。对此，又不好不予理睬，拒而不答。这时，只有想方设法地闪避一下才是上策。一般说来，当你对别人的问题采取闪避回旋的策略后，别人就不会不知趣地穷追不舍。

闪避是言语交际中从礼貌角度出发的，它的要求是：对别人所问，应当回答，但答要答得巧妙，迂回地达到躲闪、回避别人问话的目的。既要让别人不致难堪下不了台，又要维护自己不能答、不便答的原则。另外，交往中，由于对方提出的问题比较敏感，或者波及某种“隐私”不好回答，但又不得不答时可以假装糊涂。这是一种既不使对方感到尴尬，又能反客为主的应变技巧。

在社交活动中，我们可能会遇到各种不同的窘况，这时不要惊慌失措，不妨“假装糊涂”，以此来化险为夷。

及时挽救言语失误的三个小妙方

“人有失足，马有失蹄”。在交际过程中，无论是凡人或是名人，都免不了发生言语失误。虽然其中原因有别，但它造成的后果却是相似的，或贻笑大方，或纠纷四起，有时甚至不堪收场。其实，人失言了可以用妙语去弥补，只要你有技巧，就可以弥补得天衣无缝。这要求言语失误者在情急之中，从容自若调整思维。

人际交往中，谁都免不了言语失误，那么，能不能采取一定的补救措施或者矫正之术，去避免言语失误带来的难堪局面呢？回答是肯定的。在实践中，遇到失言，有三个补救小妙方可供参考。

1.移植法

移植法就是把错话移植到他人头上，如说：“这是某些人的观点，我认为正确的说法应该是……”这就把自己已出口的某句错误纠正过来了。对方虽有某种感觉，但是无法认定是你说错了。

2.引申法

引申法就是迅速将错误言辞引开，避免在错中纠缠。就是接着那句话之后说：“然而正确说法应是……”或者说：“我刚才那句话还应做如下补充……”这样就可将错话抹掉。

3.改义法

改义法就是巧改错误的意思。当意识到自己讲了错话时，干脆重复肯定，将错就错，然后巧妙地改变错话的含义，将明显的错误变成正确的说法。

我们在生活中，总有说话不当的时候，发生这些事时，最重要的就是镇定自若，处变不惊，积极地寻找适当的补救方法，尽可能地弥补言语失误。

话里藏话的沟通技巧是自卫的利器

“话里藏话”就是说隐话，在特定的环境下，将不便直说或者是不必直说的话以隐约闪烁的方式表达出来。这种方法可以避免因直言表述、显露锋芒给对方造成伤害而形成对抗，能够启发人想象和思考。体会其中的事理，让对方在细细品味我们的语言之后接受我们的观点，取得共同的认识，从而收到“言有尽而意无穷”“众意尽在不言中”的谈话效果。

话里藏话，能委婉含蓄地表达自己，话说得很艺术，又让听话之人心领神会，明白你话中的锋芒所在。人总会有意无意地遇到一些不平之事，不公之人，特别是对于一些非原则性的问题，一定要做到既能表达出对对方的不满，又不至于破坏和谐的人际关系，的确是不太容易的事。话里藏话、旁敲侧击则不失为一个理想的武器。

1.侧面点拨

所谓侧面点拨，就是指从侧面委婉地点拨对方，从而打消了他失当的想法。两个人的意见发生了分歧，如果直接反驳就有可能伤了和气，影响团结。这个时候就需要我们采取这种方法，避免一些麻烦。

2.柔性敲打

柔性敲打，其重在柔，即在警告对方的时候，要避免一定的冲突，借用另一种说话方式表达自己的不满。

例如，当林肯对每天送到他白宫办公桌上的那些冗长、复杂的官样报告感到厌倦时，他提出了反对的意见："当我派一个人出去买马时，我并不希望这个人告诉我这匹马的尾毛有多少根，我只希望知道它的特点何在。"

这里，林肯婉转地表达自己的本意——不愿意批阅冗长、复杂、毫无重点的报告，应该像买马人报告马的特点那样，抓住重点即可。林肯这种拐弯抹角的方法就是柔性敲打。

在沟通中，有时需要含蓄委婉。当有些话不便明说时，不妨绕着弯儿说。这会令听者感到你是为他着想，也比把话说在明处效果更好。委婉含蓄的表达不仅让人易于接受，还可深得人心。所以，我们要学会说话委婉，这样才会赢得他人的好感与信任。

第 13 章

求人时总是张不开口？把话说好就能把事办成

◎ 谈吐有礼是求人办事的敲门砖

◎ 求人办事要把握节奏，循序渐进

◎ 求人，切忌“吓人”

◎ 先利用陈年旧事引发双方情感共鸣，避免单刀直入

◎ 必要时适当煽情，引发同情才好办事

◎ 降低姿态并以此打动对方

谈吐有礼是求人办事的敲门砖

说“礼”话即说一些有礼貌的客气话。我们在各种社交场合，与各种不同的人打交道时，都需要适当地说一些客气话。“礼”话说得恰当，可让人感到你知情达理和富有教养，同时也能让对方如沐春风、身心通泰，从而实现谈话的目的。

人们日常访晤和拜会，按性质可分为公务访晤与私人访晤。无论是公务性的访晤还是私人性的访晤，都需用“礼”话开头，“礼”话得体，即可赢得对方的认可和首肯，这样事情就已经成功了一半，也为自己营造了一个投机和谐的谈话环境。

1.缩小请求

尽量把自己的要求说得很小，以便对方顺利接受，满足自己的愿望和要求。例如，“你帮我解决这一步就可以了，其余的我自己想办法。”

日常生活中，我们会经常发现，人们在提出某些请求时往往会把大事说小，这并不是变着法儿使唤人，而是适当减轻给别人带来的心理压力，同时也使自己便于启齿。

2.谦恭请求

通过抬高对方、贬低自己的方法把有关请求表达出来，显得彬彬有礼、十分恭敬。例如，“您老就不要推辞了，弟子们都在恭候呢！”请求别人帮助，最传统有效的做法是尽量表示虔敬，使人家感到备受尊重，乐于从命。

每个人都有好为人师的本质，特别是自认为经验丰富和取得了一些成就的人。当我们用“求教”的方式向对方提问题时，就可以把心与心之间的距离拉得很近。当你求教之后再进行你的正题，向对方提出你的真实意图，往往能收到奇效。

3.自责请求

首先讲明自己知道不该提出某个请求，然后说明为实情所迫不得不讲出来，令人感到你实出无奈。例如，“真不该在这个时候打搅您，但是实在没有办法，只好麻烦您一下。”

在人际交往中，在有的时候、有些场合打搅别人是不合适的，不礼貌的。但有时又不得不麻烦人家，这就应该表示知道不妥，求得人家谅解，以免显得冒失。

4.体谅请求

首先说明自己了解并体谅对方的心情，再把自己的要求或想法表达出来。例如，“我知道你手头也不宽裕，不过实在没办法，只好向你借100元。”求人的重要原则就是充分体谅别人，这不仅要在行动中体现出来，而且要在言语中表示出来。

5.迟疑请求

首先讲明自己本不情愿打扰对方，然后再把有关要求等讲出来，以缓和讲话语气。例如，“这件事我实在不想多提，可你一直忘了替我办。” 在提出要求时，如果在话语中表示自己本不愿意说，这样就会显得自己比较有涵养。

6.述因请求

在提出请求时把具体原因讲出来，使对方感到很有道理，应该给予帮助。例如，“隔行如隔山，我一点儿也不知道人家那边的规矩。你是内行，就替我办了吧！”在提出请求时，如果把有关理由讲清楚，就会显得合乎情理，令人欣然接受。

7.乞谅请求

首先表示请求对方谅解，然后再把自己的愿望或请求等表达出来，以免过于唐突。例如，“恕我冒昧，这次又来麻烦你了”。请求别人原谅，这是礼貌语言交际最有效的方法，人们常常使用这种方式来进行交流，显得比较友好、和谐。

我们应该明白，礼貌和教养对于社交中的人来说是必不可少的，它是装饰人类或其他一切的优良品质和天资。礼貌不用花钱，却能赢得一切。礼貌使有礼貌的人喜悦，也使那些受人以礼相待的人喜悦。

求人办事要把握节奏，循序渐进

循序渐进是求人办事的一个很好的方法。求人办事往往不会一帆风顺、一求即成。有时，由于我们所提的要求比较高，对方一下子很难接受，在这种情况下，一种有效的方法就是引诱对方先同意一个很小的要求，一旦对方同意了这个小要求，就有可能进一步同意更大的要求。

这种类似的求人术在现实生活中也经常被用到。一位精明的推销员，当他向一位不耐烦的先生推销化妆品而遭到拒绝时，没有就此罢休，而是很快提出了一个让人容易接受的条件，他说："先生，只给我5分钟时间就好。"事实上，那位先生不只让出了5分钟，而是10分钟或20分钟，更重要的是那位先生最后不得不掏出口袋里的钱。这正是这种求人术的绝妙之处！

求人，切忌"吓人"

在这个世界上，估计只有万能的上帝拥有无限的神力，凡事都不需要求人帮忙。对于普天之下的凡夫俗子来说，难免会遇到为难的事情，只好求助于他人。那么，如何求人才能不被拒绝呢？回想起上一次求人遭到拒绝的事情，你是不是伤透了脑筋，至今还觉得颜面全无。实际上，求人是有诀窍的。只要掌握诀窍，你要求的人就一定会对你有求必应，不好意思折了你的面子。

很多人在求人的时候，张嘴第一句话就说："我有件事情特别为难，这件事情别人都帮不了，只有你能帮我。而且，这件事情特别重要，你可一定要帮我啊，不然我就死定了。"只要是智商正常的人，在听了你的这番话之后，一定会对你避之不及。所谓助人为乐，只是帮助他人，如果事情真的这么至关重要，那么帮人的人哪里愿意平白无故的承担这么大的责任呢？因此，他也把丑话说在前头："实在抱歉啊，你这么一说我还挺害怕的。我没有你想象得那么有本事，你还是试着找找别人吧！"最终的结果就是你面红耳赤地离开了。假如能够换一种说法，也许结局会不一样。如"小张啊，我有一件小事想请你帮忙。这件事情本来我自己就能办的，但是因为最近家里有些事情牵扯精力，所以想请你帮帮忙。"如此轻描淡写地求人，对方才不会害怕。要知道，求人不是吓人，如果你在别人还不知道要帮什么忙的情况下，先把人吓得够呛，那么别人当然会情不自禁地倾向于拒绝你。第二种说法则很好地避免了这种问题，小张听了之后肯定会想："他自己就能办的事情，应该我也能办吧。他只是因为家里有事没时间，也许要耗费我的一点点时间，反正我的时间很宽裕。"如此一来，小张自然就会放松下来，对你的请求也没有那么抵触。

米雪家里有事情，想下午请假。她和主管申请之后，主管让她把原计划做完的表格找个其他同事做完就行。因此，米雪找到了薇薇，并对她说："亲爱的，我想让你帮我个忙。这个忙啊特别重要，关系到我的职业生涯。但是别人都帮不了，只有你能。你可一定要帮帮我啊，不然我就没有前途了。"薇薇听完之后，担心地说："你说的是什么事情啊，这么严重，怪吓人的。要是事情真这么严重，我可帮不了你，你还是自己做吧。万一背上耽误你前途的罪名，我可承担不起。"就这样，米雪还没说出需要薇薇帮什么忙呢，就被拒绝了。

米雪家里有事情，想下午请假。她和主管申请之后，主管让她把原计划做完的表格找个其他同事做完就行。因此，米雪找到了薇薇，并对她说："亲爱的，你能帮我个小忙吗？我有个表格没做完，主管下班之前想看。但是我家里打来电话需要我回去一趟，你能帮我把表格做完吗？其实，我已经做了一部分了，不会耽误你很长时间的。"薇薇笑着说："做表格啊，没问题，交给我吧！放心，一定让主管满意。"就这样，薇薇高兴地接受了米雪的请求，还叮嘱米雪放心回家。

这两种不同的情形代表了"吓人"和"求人"的方法。在第一种情形中，原本是很简单的一件小事，被米雪形容得就像天要塌下来一样，导致薇薇根本不敢承诺帮她。这就是典型的吓人，除了让人感到害怕之外，没有任何好处。在第二种情形中，米雪把事情说得轻描淡写，而且还说自己已经完成了一部分表格，这样一来，薇薇也感到很轻松，毕竟完成一部分表格耽误不了多少时间，何不做个顺水人情呢！就这样，薇薇决定帮助米雪完成表格。

在生活中，每个人都经常需要求助他人。在这种情况下，千万不要把需要帮助的难度夸大，否则，被求助者就会心生畏惧。只有轻描淡写地说出自己的请求，降低请求的难度，才能帮助被求助者舒缓情绪。如此一来，被求助者也自然愿意帮助你啦！

先利用陈年旧事引发双方情感共鸣，避免单刀直入

常言道，好汉不提当年勇。实际上，好汉要提当年勇，而且在面对好汉的时候，更要主动提起当年勇，才能成功打动好汉的内心，从而让好汉对我们顿生好感。很多人都会打牌，每个人的牌风都是不一样的，而在人生的牌局中，唯有打好感情牌才能与他人搞好关系，也才能与他人变得更加亲近、相互理解和信任。

从每个人呱呱坠地开始，他们的回忆就开始渐渐被填满。每个人都有自己的回忆，每个人的人生都是由回忆构成的。当然，每个人的人生都与众不同、不可复制，所以每个人的回忆也都各不相同，充满了酸甜苦辣，带有自己人生的烙印和痕迹。因此在与人交谈时，我们要想第一时间打开他人的心扉，走入他人的心里，从回忆入手是很不错的选择，也是比较简单的捷径。

最近，很多偏僻的山村都想要搞活经济，从而给村民们带来更好的生活。在山东某地的偏僻乡村，百姓们的心思也活泛了，村里的负责人很清楚，只有活络的思想还不够，还要找到资金注入，这样一切伟大设想才能变成实际。

思来想去，村长决定去上海拜访村里唯一最有出息的娃娃——张伟。原来，张伟是村里几年间唯一考上大学的娃娃，如今在上海帮助岳父打理一家大企业。但是村长年纪大了，又很少出远门，所以无法担当拜访张伟的重任。他只好写了一封推荐信交给村主任，让村主任带着信去见张伟。不过这个村主任是刚刚上任的，与张伟互不相识。

按照地址找到张伟所在的公司之后，村主任被拦在外面，直到出示了村长的介绍信给前台，前台才愿意去帮村主任通报。就这样一波三折，村主任好不容易才见到张伟。但如今已经是公司总经理的张伟显然不会因为这封推荐信就信任村主任，村主任也深知这一点，因而并没有一开始就要求张伟给他们投资，而是和张伟说起了村子里的各种事情，还主动向张伟说了他父母的情况。说起家乡的事情，张伟自然倍感亲切，因而渐渐对村主任打开了心扉，说起了自己小时候很多搞笑的事情。后来，村主任适时说出融资的请求，张伟丝毫不觉得突兀，当即表态："我这个月底正好要回老家一趟，到时候我会找您一起对村子里各方面的条件进行考察，如果合适的话，我会投资的。毕竟我是从村子里走出来的，所以我很愿意为村子里的父老乡亲贡献自己的一份力量。”

村主任还是懂得一些人际相处之道的，所以才没有凭着一张推荐信就张口向张伟要投资。相反，他初见张伟根本没有提及和钱有关的事情，而是先和张伟说起家乡的事情，勾起张伟对于家乡的回忆，从而使得张伟心中涌起对家乡的思念和亲切之感。这样的感情铺垫之后，村主任再找到合适的时机请求张伟为家乡投资，自然会得到张伟的良好回馈。

需要注意的是，要想引起他人的回忆，我们首先要了解他人的回忆，即更多地知道关于他人过往的事情。否则，如果我们根本不知道他人的回忆方向，又如何能够一语中的，成功勾起他人的回忆呢。其次，为了成功打动他人的心，在对他人足够了解的情况下，我们要说起他人心底里最柔软、最深切的回忆，这样他人才会被一下子击中，无法自拔。最后，我们在勾起他人回忆时，还要融入自己的感情，这样才能与他人产生感情的共鸣，使得我们与他人的沟通更加感情充沛，事半功倍。否则，如果我们对于动情地陷入回忆中的他人无动于衷，冷冰冰的，又如何能够做到以情动人呢！

必要时适当煽情，引发同情才好办事

充满感情的话语是能够打动人心的，如果你能够有感情地提出自己的诉求，甚至把自己当下的难堪情境说上一说，对方多少会因为同情而给予你帮助的。

每个人的内心都有最柔软的地方，那里遍地盛开的都是同情心。实际上，人心都是肉长的，我们在求人办事的关键时刻，不失时机地说一些煽情话语，甚至可以可怜兮兮地掉下几滴眼泪，这样可以调动对方的同情心，使彼此之间在情感上靠近，并产生共鸣，这就为事情的成功奠定了基础。这种“柔情攻略”的话语之术，使对方乐意为你效劳。

当然，如果你总是说一些有利于自己的话，对方通常会怀疑你所说的话，这时候不妨借他人之口，让别人来替你说话，以激发对方的同情心。

1.适当示弱

在求人办事的过程中，我们需要以一个弱者的姿态来赢得对方的同情。当然，这里所说的示弱并不是真的示弱，只不过是以话语来博得对方的同情，以达到自己的目的。俗话说：“软刀子更扎人。”说的就是以话语来博取同情的说话技巧吧。

2.多进行感情投资

松下幸之助是一个注重感情投资的人，他每次看见员工都会亲自上前为其沏茶，充满感激地说：“太感谢了，你辛苦了，请喝杯茶吧。”正因为平时生活中的感情投资，下面的员工都乐意为其效劳，把“松下”做成了国际品牌。

在求人办事的过程中，利用话语来博得对方真切同情的说话技巧会给对方一种慰藉，一种体贴。通过言语示弱来博得同情，其目的在于使整个话题重心不偏不倚，使对方获得一种心理上的满足，从而达到影响他人心理的目的，而同时自己的问题也可以圆满解决。

降低姿态并以此打动对方

人们总是不由自主地同情弱者，不愿意袖手旁观置之于不顾，而比较容易答应弱者的请求。当对方不愿意帮忙或者正犹豫不决的时候，我们不妨“装可怜”，激起对方的保护欲，一旦对方觉得你的说法真实可信，他很有可能就会做出让步，答应你的请求。求人办事，要放得下面子，做个可怜人，以情乞悯，开口装可怜，适时打动对方，以达到自己的目的。

1.用哭声打动对方

三国时期，蜀主刘备是精于哭道的高手，于是，有人戏称“刘备的江山是哭出来的”。虽然，这样的说法有失偏颇，但是，“哭”的确是求人办事的“秘密武器”，在提出自己诉求的时候，不失时机地流下几滴眼泪，会激发对方的保护欲，使对方更容易答应你的请求。

2.先批评自己

在求人办事的时候，不妨率先自我批评“不好意思，都是我不好，把这样的事情告诉你，给你带来了麻烦”，装一下可怜，使对方产生同情，以此来达到自己的目的。

3.表示自己的无助

在提出自己诉求的过程中，你不妨通过语言表现自己的无助，如“我也是没有办法，不然，我是无论如何都不会来麻烦你的，还希望你能够帮我这个忙”“现在我是一点儿办法都没有了，希望你能帮忙出个主意”。对方看到你无助的样子，定会毫不犹豫地答应你的请求。

在日常生活中，当人们在讲述自己经历过的生活，如幼年丧父、生活艰苦等不幸的经历，旁边的人都会不由自主地给予宽慰，并给予一定的帮助。装可怜虽然并不是被人们常用的一种方法，但却是非常有效的。所以，我们在与人沟通时应该巧妙地运用这一方法，开口“装可怜”，激起对方的保护欲，以达到影响他人心理的目的。

第 14 章

看时机、分场合，恰当的表达让你的沟通更高效

◎ 应对不同性别交际对象所采用的交流策略也应该不同

◎ 符合身份的言语听起来才顺耳

◎ 话不在多，有理则通

◎ 适时沉默胜过任何雄辩

◎ 勇于成为主动的一方

应对不同性别交际对象所采用的交流策略也应该不同

男人和女人，可谓两种不同的生物。两者因为生理条件、社会分工、家庭角色等方面的不同，从与生俱来到后天培养，形成了迥然不同的性别心理。我们在社会交际中，面对不同性别的交际对象，要懂得针对男女不同的心理特点，采取不同的方式，如此才能让对方感到你“言之有物”“言之有味”。

公司每次举办舞会，俊杰都会成为女性职员聚焦的中心。他不俗的口才总能让自己周旋于每一位女同事中，哄得人人喜笑颜开。对此，同部门的哥们儿森言羡慕不已。又一次舞会结束后，他特意拉着俊杰来到一个饭馆，点了俊杰爱吃的菜、爱喝的酒，请他为笨口拙舌的自己指点迷津。

“这有什么难的！”俊杰喝了几杯酒后，双颊微红，笑眯眯地说，“你听过那个笑话吗？遇到漂亮的女人，你就可劲儿夸她漂亮，她受用，你也不亏心。不漂亮的女人，你就夸她有气质，她开心，你也开心。长得实在说不过去的，你就夸她性格好、声音好听，她安慰，你也轻松。性格、声音都不好的，你夸她身材好，她高兴，你也不为难。要是几样全不占的，你就找，她身上总有个优点让你夸，发质好、酒窝迷人、耳垂大、手长得好……总之，在女性面前，你记住一个‘夸’字就对了。女人爱听这些，她们不会说你是故意说谎骗她们的，那是男人才会说的话。对了，我顺便说一句，在男人面前，你少夸他们长得帅。这种话，男人听一两次也就够了。尤其是那些有本事的，你要总说他相貌、身材什么的，他反而会认为你在讽刺他能力不行。”

用对待男性的交流方式对待女性，对方可能不喜反怒，甚至引起矛盾；用对待女性的交流方式对待男性，对方可能莫名其妙，甚至拂袖而去。在人际交往中，要想左右逢源、面面俱到，在大致方针上可以参照一句俗语：男人要捧，女人要哄。

对于男性和女性，我们应该分别采取怎样的交流方式呢？

男性：

1.不要太了解他

对于男性来说，外人——尤其是女性——“侵入”他们的思想领地是一项大忌。大多数男性并不希望女性过多地了解他们，因为这意味着他们可能被掌控，并可能失去对于某些事情的掌控力。因此，女孩在与男性交流时，对他说“我不明白您在想什么”，让他觉得你不了解他、他对于你来说是神秘的、难懂的，让他自己选择是否告诉你，比起对他说“告诉我你怎么想的”或是“我明白你的感受”，效果要好得多。

2.不要怀疑他

质疑，也是与男性交流中的一个大忌。对于男性来说，你可以聊他的年纪，但不可以质疑他的阅历；你可以聊他的工作，但不可以质疑他的能力。男性对于自己的力量拥有高度的自信和敏感的自尊，尤其在这个越来越多的巾帼不让须眉的时代，对于一些本就阅历尚浅、能力一般的男性来说，女孩如果毫不顾忌地怀疑他的力量，那等于是在对他说：“我在伤害你。”

3.不要过分吹捧他

我们说男人要捧，但也不能毫无节制地捧。相对于女性，男性更为稳重、更为理智。如果说漫无边际的吹捧能让有些女性飘飘然忘乎所以，那么溜须拍马式的逢迎则会让很多男性反感。他们表面上微笑着、客气地回应你的吹捧，很可能内心已经在判断你的“真实目的”了。

女性：

1.有些“真相”不要说

这些不能说的“真相”，包含了女性心理界定的“面子”，如年龄、服饰价格等。善于交际的人，在和女性沟通时，懂得“逢人减岁，遇货加价”。也即是说，谈论女性的年龄时，一定要往小了说；而在谈论女性的服装配饰、化妆品等彰显女性消费能力和品位的物品时，一定要往贵了说。

2.刺耳之言不要说

俗话说“忠言逆耳”，与女性交流时，忠言也要尽量说得顺耳，刺耳之言绝不可说。大多数女性对于自我都有一个较为中肯的评价，爱听恭维话的特性只是一层感觉上的薄膜，她们并不需要他人尖锐的言辞刺破这种美感、告诉她们事实。例如，你的某位女同事因为时间匆忙而没有画眉，有三种说法供你选择：“你今天画眉的方式有点儿特别啊，是赶时间还是赶潮流啊？”“没画眉就敢出门，你再吓着人！”“以前总看你画眉，今天没画，没想到你原本的眉形就这么好。你呀，就是会乱花钱，眉笔多贵呀！”试问，哪种说法更能赢得同事的好感呢？

3.成就也要挑着说

对于很多女性来说，感性的话题永远比理性的话题更有吸引力。例如，一个家庭美满、事业有成的女性，虽不会拒绝他人喋喋不休地夸耀她的能力、她的智慧，但她更喜欢别人羡慕她的家庭，赞美她的美貌与魅力。因为在很多女性看来，能力、智慧，始终不是女性的专属名词，事业上的成就也难以凸显她女性的特质；美貌与魅力，才是她身为女性的傲人资本，家庭的和美，才是她扮演女性角色获得的大丰收。

符合身份的言语听起来才顺耳

当代社会中，无论男女老少、士农工商都把“人人平等”挂在嘴边。有些人讲究解放，讲究平等，甚至到了要推翻一切“等级说”的地步。其实，现代社会追求的平等是一种人权的平等，是一种人与人在精神上相互理解、相互尊重的社会权利和义务。平等，是人类的终极理想之一，而绝对的平等是不存在的。在现有环境下，由于各种差异，人与人之间只能追求相对的平等。

在社交中，平等的“相对性”体现得淋漓尽致。人与人之间和平地对话，互不侵犯、互不伤害，是一种平等。而面对不同身份的交际对象，人们依旧会将他们分为“三六九等”，然后根据对方的身份来选择交谈内容和语气。其实，这并不是什么“折节”的事，也无损于平等。根据对方的身份选择交际方式本就是一种基本的社交礼仪，是每个人都应该掌握的基本技能。

一大早，冯旭刚到办公室就被江汉拖到了角落。江汉压低声音，焦急地问道:“哥们儿，这是咋了，怎么这一大早的个个儿见我都横眉立目的，没个好模样。昨晚我又喝多了说错话了？”

“你这断片儿也断得太是时候了，不然你已经被自己吓死了！好家伙，昨晚你可真行！喝醉后，搂着吴经理的脖子叫大哥，跟人说胡话；然后又瞪着小高臭骂了一顿，说人家弄错了报表，没有你帮忙早就歇菜了；嚷嚷着叫周大姐是周大婶，说她保养得还没吴经理好；紧接着又拉着新来的小吴的手，要认人当弟弟。我说你啊，吴经理比你家老爷子还大几岁，你怎么叫得出口啊？又叫人周大姐是周大婶，好么，你自己不在意得罪周大姐，倒把经理的辈分赔进去了。这还不算完，你不知道小吴是吴经理远房亲戚么？按辈分，小吴要叫吴经理五爷爷。你倒好，一根搅屎棍子，让人家祖孙辈的称兄道弟了！”

听到这里，江汉已经吓得面如土色。待回过神来，又开始挠破脑袋，研究道歉的方法。

西班牙作家塞万提斯曾经说过：“说话不考虑对象，等于射击没有瞄准。”我们在与人交流时，除了要考虑对方的性别、性格、年龄等因素外，还要将对方的身份列入参考范围。人的行为决定于性格，性格决定于先天形成和后天培养。在后天培养的部分中，性格在很大程度上取决于一个人的成长和生活环境，即这个人的生活阅历和社会地位。简单来说，身份，影响着一个人的性格，影响着一个人在社交中的态度。面对不同身份的人，要学会量体裁衣，根据对方的社会地位选择沟通方式，才能收获良好的交际效果。

话不在多，有理则通

那些会说话的谈判者之所以会获得成功，并不在于他说了多少话，而在于他说的话在理。在许多谈判场合，我们经常看见有的人喋喋不休，滔滔不绝，可说来说去，都没有哪句话能占理，结果可想而知，对方完全不想与你沟通，因为跟一个不讲理的人沟通简直就是吃力不讨好，既没能达成一致的意见，反而伤了和气。而且，有的人根本就是无理取闹，由于说不过对方而恼羞成怒，结果不管是不是在理都乱说一气，他这时的目的不在于沟通，而在于发泄怒气，当然，最终的结果是自己亲手建筑了彼此之间的“隔阂”。

在生活中，经常会出现这样的情况：父母说很多的话，但孩子却表示“我不懂你在说什么”。因为父母说的那些所谓的大道理在孩子看来其实都是废话，孩子根本就没听进去。不妨试试简单地讲道理，话不在多而在理，只要你说的话真的有道理，减少说话的内容，对方反而更容易听进去。

1.话说得越多，效果越小

很多人在表达自己意见的时候，很想把心中所有想说的话都说完，但是，他们常常忽略了这样一个问题，那就是话说得越多，效果越小。对方在听你说话的时候，常常是能听进少量的几句，对于重复过多的大道理，他们很排斥，根本不想去听。结果，你在那里啰嗦了一大堆，对方却什么也没听进去。

2.有道理的话，三言两语即可

有道理的话，越短小越有效，通常是三言两句即可。当你向对方讲道理的时候，切记话不要太多，而需要有理。并不是每个人都不愿意听人讲道理，但是，如果你总是一而再再而三地重复那些老掉牙的事情，相信再好的耐心也被消磨殆尽了。因此，无论是我们向别人讲道理，还是表达自己的意见，都需要记住“话不在多而在理”的道理。

所以，在日常生活中，一个人说话不应该求多，而应该求理，只要你说的话有道理，哪怕你只说了一句话，也能达到很好的沟通效果；相反，如果你说的话根本没有道理，哪怕你说了上百句，也达不到真正的沟通。

适时沉默胜过任何雄辩

古希腊有一句民谚说：“聪明的人，借助经验说话；而更聪明的人，根据经验不说话。”在与人交谈中，遇到阻力的时候，适当的沉默会为你增添不少说服力。当双方谈话开始不起作用，甚至在你滔滔不绝的时候，对方却在那里哈欠连天，或是漫不经心。表明对方根本没有听进去，这时候就需要休憩一会儿，给彼此思考的时间。沉默有时候是最好的表达方式，有人曾说：“适时的沉默是智慧，胜过任何雄辩。”尤其是交谈中的沉默会起到吸引对方注意力的作用。

有时候我们会陷入这样的局面，无缘无故受到对方愤怒地指责，甚至谩骂。这个时候，有的人选择反驳，就会免不了有一场口舌之战；而聪明的人会选择沉默，任对方到处撒野。当没有人去反击他的愤怒时，他的愤怒也维持不了多久。这样一来，他的怒气就会烟消云散，而你不需要一句话，就可以轻易地说服他。

人一旦与别人相对而坐，便会习惯性地认为交谈即将开始，因而难以立刻集中注意力。即使一开始十分认真聆听的人，一旦觉得对方的话题没有什么起伏，索然无味，就开始分散注意力。聪明的人总是在恰当的时候沉默，使对方集中注意力，以达到“不说话”就能说服他人的目的。

勇于成为主动的一方

天上不会掉馅饼，如果你想吃馅饼，应该自己去找。交朋友也是如此，朋友不会主动来到你的身边，你应该主动搜寻，四处出击，这样才能更好地拓展人际关系，成为处处受人欢迎的人。尤其是现代社会，人际关系被提升到前所未有的高度。每个人都很清楚地意识到，人脉就是资源，也希望扩大自己的人际交往圈子。那么，就从现在开始抛弃羞涩、内向等负面的性格吧，让自己变得积极热情，即使遇到陌生人，也要用真诚感动他人，打开他们的心扉。

在人际交往中，怎样才算主动呢？简而言之，就是主动和人搭讪，努力和人结识。即使遇到挫折，也不放弃交朋友的心意。其实，只要留心，生活中有很多人都可以变得面熟，甚至成为朋友。例如，你陪朋友去面试，朋友进了面试间，你在外面等候。这时，那些等候面试的人中一定有一个是离你最近的。不如简单聊几句，留个联系方式，互通有无。如果你很会搭讪，甚至有可能和组织面试的人也能交谈几句，也许会无心插柳柳成荫，把自己推销出去呢！现代社会，有很多年轻人都是背井离乡，独自在大城市打拼。每个人都非常孤独，尤其是刚刚毕业的大学生，除了同学外，几乎没有几个认识的人。假如能够借助四处面试的机会拓展人际关系，人生的道路也许会更加开阔。

作为一个主动的人，我们首先应该让自己变得有礼貌。要知道，没有人愿意和无礼浅薄的人成为朋友。只有彬彬有礼，而且让人感到愉悦，别人才会愿意认识你。主动，有非常神奇的作用。例如，一个人原本冷若冰霜地坐在你的对面，你们彼此沉默，那么终究擦肩而过。此时此刻，如果你带着微笑，热情主动地和对方打招呼，他一定不会继续冷若冰霜，也会相应地回报给你微笑。就这样，你一句，我一句，几句话之后，你们就开始畅快地聊起来了。假如你实在腼腆，也可以先向对方投以微笑，等待对方反应之后，再决定是否继续攀谈。常言道，伸手不打笑脸人，只要你带着善意和真诚，对方一定会尊重你，也回馈给你友善。当然，当下有很多新的网络交际工具出现，这也给内向的人搭建了一条畅通无阻的沟通渠道。如果你不好意思和刚刚认识的人过多交流，完全可以在逢年过节的时候，或者随便找个什么借口，给对方发去问候的短信、Q信、微信、电子邮件等。相比较面对面的交流，文字显得更加温和，也给予彼此更大的空间。

读大四的李健，和所有同学一样，正在一边实习一边找工作。李健是个很健谈的人，给人的感觉是阳光热情。为此，内向的杜亚每次出去面试都会央求李健陪他。当然，只要没有面试安排，李健总是欣然应允。因为李健知道，他需要认识更多的人，见识更多的场面，才能寻找到更好的就业机会。

一次，杜亚非常幸运地接到了一家世界五百强企业的面试通知函。杜亚兴奋极了，也紧张极了，他很担心自己因为紧张把这一切都搞砸了。为了壮胆，他叫上李健一起。听说杜亚得到了这家大企业的面试通知函，李健不知有多么羡慕他呢！一大早，他就起床洗漱，穿上正装，准备陪杜亚去面试。寝室的其他同学都调侃李健："哎哟，又不是你面试，你只是个陪同的家属，看你打扮得跟新郎官似的。"李健不以为然地笑了笑，说："说不定，我还能被选中呢！一切皆有可能！"

在等待面试的时间里，李健一直陪在杜亚身边，给他鼓气壮胆。后来，杜亚进去面试了，李健一个人坐在等待区。这时，一个西装革履的中年男士走过来。李健马上提醒他："您好，保洁刚刚拖过地，您注意路滑。"中年男士饶有兴趣地看着李健，问："小伙子，面试马上就开始了，你怎么不进去呢？"李健不好意思地笑了，说："我是陪同学来的。当然，如果您同意我进去，我很荣幸。我随身带着所有的个人资料呢，时刻准备着面试。"听到李健的话，中年男士笑了。他点了点头，对李健说：

“那就请吧！”原来，这位男士就是负责此次面试的副总经理。就这样，李健顺利获得了面试的机会，而且因为在面试中的优秀表现，顺利被录入这家世界五百强企业工作。杜亚呢，也因为李健在副总经理面前的美言，同时被录取。后来，李健还和副总经理成了非常要好的朋友，他们不但在工作上配合默契，还经常在下班后一起去酒吧喝酒，消遣聊天。

所谓“有心栽花花不开，无心插柳柳成荫”，大概就是说的李健这种情况。不过，我们不能说李健是无心的，因为他随时准备着认识新的人，给自己找到新的出路。也许正因为他准备充分，才能获得这次千载难逢的好机会。如果他没有借助路滑的借口和中年男士搭讪，如果他不是穿着正装且随身带着个人资料，只怕机会掉在面前也无法抓住。当然，最初的开始都得感谢那“地滑”的提醒。生活对于每个人都是如此慷慨，只要你想与人搭讪，总能找到各种各样的理由。就像帅气的男孩子们能把追求陌生女孩的搭讪能力运用到生活中的各个方面，那么一定会朋友遍天下。这就是主动的魔力。

每个人都必须生存在群体之中，可以说，人是社会关系的整合。每个人只要活着，不管是生活还是工作，都离不开和形形色色的人打交道。要知道，与人交往是最难的课题，也是最深奥的命题。很多人阅人无数，却依然无法练就火眼金睛。不管什么时候，我们都应该怀着真诚的心积极地与人交往。越主动，越幸运，也是非常有道理的。

参考文献

[1]李安.这样说话最受欢迎 [M].北京：中国城市出版社，2010.

[2]陆梦.所谓情商高，就是会表达[M].北京： 团结出版社，2017.

[3]卢东杰.一分钟聊出好人缘[M].长春：北方妇女儿童出版社，2015.

[4]赵静.好人缘是这样练出来的[M].北京：北京少年儿童出版社，2012.

[5]闪中阔.金口才全书·会说话好人缘[M].北京：中国环境科学出版社，2006.